최신
평신도를 위한

추모예배핸드북

최신 평신도를 위한
추모예배핸드북

초판 1쇄 발행 | 2014년 07월 10일
초판 4쇄 인쇄 | 2020년 11월 10일

지은이 | 노진향
펴낸이 | 황성연
펴낸곳 | 도서출판 청우
주문처 | 열린유통
등록번호 | 제 2001-000055호
주소 | 경기도 파주시 광탄면 혜음로 883번길 39-32
　　　　Tel. 031-906-0011 Fax. 0505-365-0011
ISBN 978-89-94846-23-1 (03230)

이 책은 저작권법에 의해 보호를 받는 저작물이므로 무단전재 및 복제를 금합니다.
잘못 만들어진 책은 구입하신 서점에서 바꾸어 드립니다.

책값은 뒷 표지에 있습니다.

최신 평신도를 위한

추모예배 핸드북

노진향 지음

청우

머리말

　기독교에서는 우리나라의 전통적인 제사를 드리지 않습니다. 제사 행위는 고인을 신격화하여 우상을 숭배하는 것이 되기 때문입니다. 그 대신 기독교에서는 추모식(예배)을 갖습니다. 추모식이 전통적인 제사와 다른 점은 제사는 고인에게 드리는 것이지만 추모식(예배)은 고인을 추모하며 하나님께 드리는 것입니다. 우리가 예배를 드릴 대상과 예배를 받으실 분은 오직 하나님 한 분이시기 때문입니다.

　이런 기념일에는 고인의 생애와 업적을 기리는 것이 통례입니다. 추모식(예배)은 전통의례의 기제(忌祭)를 생각하여 돌아가신 이를 부모에 한정하고 있지만 형제, 자녀, 한식, 설날, 추석에 추모식을 거행하는 것도 무방합니다.

　고인이 돌아가신 후 처음 맞는 추모일 때는 교역자에게 식(예배)의 인도를 부탁하는 것이 좋습니다. 하지만 때마다 매번 교역자가 심방하여 예배를 인도하기는 어렵습니다. 그러므로 특별한 경우를 제외한 가족끼리 추모식(예배)을 가질 때는 가족의 대표가 되는 사람이 인도하는 것이 바람직합니다. 가족끼리 드릴 때 추모식(예배) 순서를 사전에 교역자에게 지도를 받는 것도 도움이 됩니다. 왜냐하면 무심코 습관에 이끌려 전통적 예식이나 미신적인 행위를 할 수 있기 때문입니다.

　추모식(예배)은 말 그대로 고인을 추모하는 자리지만, 모인 가족간의 친교도 중요시 되어야 합니다. 고인을 추모하면서 가족간의 화목과 우의를 다지는 계기를 갖지 못한다면 추모식(예배)을 갖는 진정한 의미가 상실되기 때문입니다. 또한 고인의 믿음의 발자취를 더듬고 그의 유지를 회상하는 가운데 교훈을 받고 새로운 결심을 할 수 있는 계기로 삼을 수 있어야 합니다. 이런 점을 유의하여 추모식(예배)을 갖는다면 예배를 받으시는 하나님께도 영광이 되고 가족간에 덕을 세우는 데에도 유익합니다. 혹 믿지 않는 가족이 있다면 예수님을 믿게 할 수 있는 동기를 부여할 수도 있습니다.

　이 책은 가족끼리 추모식(예배)을 가질 때 미력하나마 도움을 드리고자 집필하였습니다. 7년간 걱정 없이 참고하실 수 있도록 추모 식순, 설교, 기도를 매 편마다 수록하였습니다. 추모대표 기도도 맡은 이가 추모식 성격에 맞춰 쉽게 참고하실 수 있도록 수십 편을 수록하였습니다.

　아무쪼록 이 작은 책자가 제사의 장벽을 뛰어넘어 하나님께 은혜로운 추모식(예배)을 준비하는 가정들에게 도움이 되었으면 하는 마음입니다.

반달마을에서 **노 진 향**

목 차

서문 · 4
추모예배와 성묘 · 10

1부 부모님(어른) 기일추모예배 - 신자가족과의 추모예배

천국을 바라보며 · 누가복음 16장 19~22절 · · · · · · · · 20
넘치는 위로 · 고린도후서 1장 3~5절 · · · · · · · · · · 24
영원한 위로 · 데살로니가후서 2장 13~17절 · · · · · · · 28
영원한 생명 · 마가복음 5장 21~24절 · · · · · · · · · · 32
천국은 어떤 곳인가 · 요한계시록 21장 3~4절 · · · · · · 36
새로운 인생 · 히브리서 10장 32~35절 · · · · · · · · · 40
천국의 상징 가나안 · 신명기 11장 10~15절 · · · · · · · 44

2부 부모님(어른) 기일추모예배 - 불신가족과의 추모예배

복된 죽음 · 요한계시록 14장 13절 · · · · · · · · · · · 50
복된 소낙비 · 에스겔 34장 25~28절 · · · · · · · · · · 54
보배를 담은 질그릇 · 고린도후서 4장 7절 · · · · · · · · 58
복 있는 삶 · 신명기 12장 25~28절 · · · · · · · · · · · 62
죽었으나 말한다 · 히브리서 11장 4절 · · · · · · · · · · 66
잠과 죽음 · 고린도전서 15장 16~21절 · · · · · · · · · 70
영원한 집 · 고린도후서 5장 1~2절 · · · · · · · · · · · 74

3부 형제(자녀) 기일 추모예배

주 안에서 죽는 자의 복 · 이사야 57장 1~2절 · · · · · · · 80
그 이름을 생명책에서 · 요한계시록 3장 4~5절 · · · · · · 84
죽은 것이 아니라 잔다 하십니다 · 누가복음 8장 49~56절 · · · 88
돌아가는 인생 · 창세기 49장 29~33절 · · · · · · · · · 92
이제는 음식을 먹을 때 · 사무엘하 12장 15b~23절 · · · 96
더 나은 본향으로 · 히브리서 11장 13~16절 · · · · · · · 100
생명수의 강으로 · 요한계시록 22장 1~2절 · · · · · · · 104

4부 성묘(납골) 추모예배

후손이 복을 받으려면 · 시편 112편 1~4절 · · · · · · · 110
천국에 없는 것 · 요한계시록 21장 22~27절 · · · · · · 114
의인의 자손이 누리는 복 · 시편 37편 23~29절 · · · · · 118
우리도 레갑 족속의 사람들처럼 · 예레미야 35장 1~9절 · · · 122
막벨라 굴의 교훈 · 창세기 23장 1~18절 · · · · · · · · 126
요단강을 무사히 건너려면 · 여호수아 3장 9~17절 · · · · 130
죽은 자의 소원 · 누가복음 16장 19~31절 · · · · · · · 134

5부 설날 추모(감사)예배

우애와 존경 · 로마서 12장 10~11절 · · · · · · · · · 140

성도의 명절 · 신명기 16장 1~17절 · · · · · · · · · · **144**
가정의 행복을 이루는 요소 · 신명기 10장 12~13절 · · · · **148**
복이 있는 사람 · 요한계시록 1장 3절 · · · · · · · · · · **152**
여호와를 만나는 삶 · 잠언 8장 17~21절 · · · · · · · · **156**
하나님을 존중히 여기는 가정 · 사무엘상 2장 27~35절 · · · **160**
담을 뛰어 넘는 새해 · 시편 18편 29~34절 · · · · · · · · **164**

6부 추석 추모(감사)예배

네 얼굴을 보았으니 · 창세기 46장 28~34절 · · · · · · · **170**
추석은 감사의 명절 · 룻기 1장 15~18절 · · · · · · · · **174**
가족사랑 · 요한복음 19장 25~27절 · · · · · · · · · · **178**
나의 영웅 · 신명기 5장 16절 · · · · · · · · · · · · · **182**
화목한 가정 · 잠언 17장 1절 · · · · · · · · · · · · · **186**
신앙의 대 잇기 · 사사기 2장 6~15절 · · · · · · · · · **190**
행복이 있는 가정 · 잠언 15장 13~17절 · · · · · · · · **194**

부록 추모예배 대표기도문

부모님 기일 추모기도(1) · · · · · · · · · · · · · **200**
부모님 기일 추모기도(2) · · · · · · · · · · · · · **201**
부모님 기일 추모기도(3) · · · · · · · · · · · · · **202**
부모님 기일 추모기도(4) · · · · · · · · · · · · · **203**
부모님 기일 추모기도(5) · · · · · · · · · · · · · **204**

부모님 기일 추모기도(6) · · · · · · · · · · · · · · 205
부모님 기일 추모기도(7) · · · · · · · · · · · · · · 206
남편·아내 기일 추모기도(1) · · · · · · · · · · · · 207
남편·아내 기일 추모기도(2) · · · · · · · · · · · · 208
형제기일 추모기도(1) · · · · · · · · · · · · · · · 209
형제기일 추모기도(2) · · · · · · · · · · · · · · · 210
자녀기일 추모기도(1) · · · · · · · · · · · · · · · 211
자녀기일 추모기도(2) · · · · · · · · · · · · · · · 212
교우기일 추모기도(1) · · · · · · · · · · · · · · · 213
교우기일 추모기도(2) · · · · · · · · · · · · · · · 214
교우기일 추모기도(3) · · · · · · · · · · · · · · · 215
초신자 가정 추모기도 · · · · · · · · · · · · · · · 216
불신자 가정 추모기도 · · · · · · · · · · · · · · · 217
성묘추모기도(첫 성묘) · · · · · · · · · · · · · · 218
성묘추모기도(일반) · · · · · · · · · · · · · · · · 219
새해, 설날추모기도(1) · · · · · · · · · · · · · · 220
새해, 설날추모기도(2) · · · · · · · · · · · · · · 221
새해, 설날추모기도(3) · · · · · · · · · · · · · · 222
추석 추모기도(1) · · · · · · · · · · · · · · · · · 223
추석 추모기도(2) · · · · · · · · · · · · · · · · · 224
추석 추모기도(3) · · · · · · · · · · · · · · · · · 225
추모예배와 기도에 참고할 성구 모음 · · · · · · · · 226

추모예배와 성묘

1. 추모예배란 무엇인가?

하나님을 믿는 기독교에서는 제사를 드리지 않는다. 그 대신 추모예배를 드리는데 한국의 전통적인 제사의식을 기독교에 맞추어 변형한 하나님의 제사의식이라고 할 수 있겠다. 처음에는 추도라는 용어를 사용했는데 시간이 지나면서 추모라는 용어로 바꾸어 사용하는 사례가 많아졌다. 추도나 추모나 추념의 유의어이다. 그러나 풍기는 뉘앙스는 약간의 차이가 있다.

추도(追悼)는 죽은 사람을 생각하여 슬퍼하는 것이고 추모(追慕)는 죽은 사람에 대한 정을 애틋하게 생각하며 그리워하는 것이다. 따라서 슬퍼하는 것은 일시적일 수 있다. 그러나 그리워하는 것은 죽은 이에 대한 보다 더 애틋한 마음이 남아 있는 것으로 해석할 수 있다.

기독교의 추모예배는 유교에서 비롯된 한국의 전통적인 제사와 근본 내용을 달리한다. 유교의 제사의식은 이미 세상을 떠난 조상이나 고인의 영혼을 신성시하고 또 신격화하여 제사를 드리지만, 기독교에서는 이미 세상을 떠난 자의 영혼이 신성시 될 수도 없을 뿐만 아니라, 더욱이 신격화하여 제사를 받는 대상이 될 수 없다. 기독교의 경전인 성경에는 조상에게 제사를 드린 내용이 전혀 없을 뿐만 아니라, 죽은 사람의 영혼을 신격화하여 섬기면 결국 우상을 숭배하는 결과밖에 되지 않음을 말씀하고 있다.

예배는 하나님만이 받으실 수 있는 것이지 사람, 특히 죽은 사람의 영혼이 예배를 받을 수 없다. 그런 의미에서 기독교인은 절대로 유교의 제사를 받아들일 수 없다.

우리가 분명히 기억하고 있어야 할 것은 기독교의 추모예배는 하나님께 드리는 것이지 조상이나 고인에게 드리는 것이 아니라는 것이다. 다만 우리에게 생애를 물려주고 좋은 유훈과 업적과 정신을 남겨 준 것을 감사하고 그리워하며 하나님께 예배하면서 고인을 추모하는 것이다.

그러므로 추모예배를 드릴 때 가급적이면 '예배'보다는 '식'이라는 용어를 선택하는 것이 더 적합하다고 볼 수 있다. 또한 조상이나 고인을 신격화해서 섬기면 그것이 우상숭배요, 하나님을 대적하는 행위요, 십계명(1,2계명)을 어기는 큰 죄를 범하는 것임을 잊지 말아야 할 것이다.

2. 추모예배를 꼭 드려야 하는가?

누구에게나 혈육의 죽음은 생의 뿌리를 뒤흔들 정도로

무척이나 가슴 아프고 고통스런 일이다. 그러나 신앙을 가진 사람에게는 생에 대한 진지한 이해와 복음의 소망을 더욱 견고히 할 수 있는 계기를 제공해 준다.

그런 맥락에서 고인의 기일을 맞이하여 하나님께 예배하면서 고인을 기념하는 것은 가족 공동체의 영적 삶을 승화시키는 긍정적인 기회로 활용할 수 있기 때문에 매우 유익하다고 볼 수 있다. 그렇다면 추모예배가 주는 유익들에는 구체적으로 어떤 것을 생각해 볼 수 있을까?

첫째, 생에 대한 진지한 반성을 안겨 준다.

추모예배는 모든 가족들에게 인생의 유한함과 세월의 신속함, 땅에 속한 모든 것의 제한됨을 반추하며 촌음을 아껴, 주의 뜻대로 살고자 하는 종말론의 의식을 새롭게 해준다. 고인에 대한 신앙을 반추할 때 남은 가족들은 자신들의 삶에 대한 책임감을 느끼게 된다. '나도 죽게 되었을 때 하나님의 심판대 앞에 서게 되지만 나의 삶에 대해서 가족들에게 회자될 수 있겠구나. 그러니 땅에서 고인처럼 잘 살아야겠구나' 라는 생각을 하게 된다.

둘째, 하나님의 주권적 역사를 겸허히 수용하게 된다.

인생의 흥망과 생사의 주도권이 오직 전능자 하나님께 있음을 고백하며 겸손히 하나님의 인도를 바라보는 신앙의 정화는 추모예배를 통해 얻을 수 있는 큰 유익이다.

셋째, 내세에 대하여 관심을 갖게 하는 효과가 있다.

문명의 이기 속에서 기독교의 내세관이 점차 화석화되어가고 있지만 성경을 관통하고 있는 커다란 맥 가운데 하나가 '내세 신앙'이다. 기독교인의 삶은 이 땅에서 하늘로 맞닿아 있다. 지상에서 살고 있지만 하늘의 진리를 붙들고 저 천국을 바라보며 살아야 하는 것이 그리스도인의 삶이다. 추모예배는 가족들에게 이 땅의 삶이 전부가 아닌 또 다른 세계가 인간에게 준비되어 있다는 것을 일깨워 주는 기회를 갖게 한다.

넷째, 가족의 유대를 견고히 하는 유익도 있다.

파편화된 핵가족 시대, 엄청나게 급변하는 시대에 살고 있기 때문에 사람들은 너무나 바쁘다. 따라서 모이기가 쉽지 않다. 이런 상황에서 현대인에게 추모예배는 자연스럽게 가족의 연대감을 공고히 하는 사회적 기능도 발휘할 수 있다. 특히 개인적이고 자유분방한 신세대들에게는 가족 공동체의 사랑과 존중을 깨닫게 하는 무시하지 못할 교육적 효과를 발휘한다.

다섯째, 교육적인 효과가 있다.

죽음이 나와 아무 상관이 없다고 생각했던 사람들도 가족의 죽음을 경험한 후에는 가장 진지한 자세에서 죽음의 문제를 더 이상 남의 이야기가 아닌 나의 이야기로 받아들이게 되므로 죽음의 준비 또는 사생관(死生觀) 확립을 위한 좋은 교육적 기회가 된다. 그리고 기독교적 효(孝)가 무엇이며, 어떻게 효를 할 것인가를 가르치고, 더 나아가 고인의 생전의 교훈과 유지를 기억하고 계승하는 구체적인 방법이 될 수 있다.

여섯째, 믿음의 덕과 복음을 전하는 효과가 있다.

그리스도인들이 드리는 추모예배는 방식만 다를 뿐 고인을 추모하는 마음은 똑같다는 것을 믿지 않는 가족에게 보여줌으로써 기독교에 대한 잘못된 오해를 풀 수 있는 기회를 가질 수 있다. 추모예배가 성경적이지 않기 때문에 없애야 한다고 주장하는 사람들도 있다. 그러나 우리의 전통적인 장례 문화를 아주 없앨 수는 없기 때문에 가정마다 추모예배를 잘 정착시켜서 기독교인의 성숙되고 성화된 모습을 보여 준다면 복음을 전하는 데 큰 유익이 될 것이다.

3. 추모예배는 어떻게 드리는가?

① 기일은 고인이 세상을 떠난 날로 하는 것이 바람직하다. 유교의 제사는 고인의 영혼이 제사를 받는다고 믿기 때문에 고인이 살아 계신 때를 생각하고 죽은 전날을 기일로 정하지만, 기독교인은 그럴 이유가 없다. 세상 떠난 날을 기일로 정하고 그 날을 기억하며 기리

는 것이 좋을 것이다.

② 고인의 기일 며칠 전에 추도예배 시간을 미리 정하고, 가족과 친척들에게 연락하여 모이게 한다.

③ 가급적이면 집안을 깨끗이 청소하고 정숙하게 보낸다.

④ 고인의 사진을 작은 상 위에 놓고 좌우에 촛불이나 꽃으로 장식한다(꽃은 몇 송이 정도로 간단하게 준비한다). 그리고 상을 잘 보이는 벽 쪽에 고정시켜 놓는다. 이밖에 고인이 쓰던 성경이나 찬송가가 있으면 상 위에 펴 놓는다.

⑤ 고인의 사진 옆에 예배 인도자가 앉거나 서고 주례하고 주위에 가까운 직계가 차례로 앉는다. 사람이 많을 경우에는 줄을 맞추어 앉아도 무관하다.

⑥ 경건하고 엄숙한 분위기로 예배를 드린다.

⑦ 예배 중 고인의 약력 소개 시간에 고인의 유언, 모든 사람들이 함께 나누어야 할 고인의 미담이나 장점을 유족 중 한 사람이 소개하고, 고인의 생전의 모습을 담은 사진이나 동영상이 있다면 함께 본다.

⑧ 예배가 끝난 다음에 준비된 음식을 나누면서 고인의 덕과 뜻을 이야기하면서 본받도록 한다. 경제적으로

여유가 있으면 장례 때 수고한 이웃 사람들에게 떡을 대접하거나 초청하여 함께 식사를 나누면 더욱 보람이 있다.

⑨ 제 1주기 추모예배 정도는 담임목사나 교역자를 초청하여 예배를 드리는 것도 유익하다.

⑩ 고인의 영전 앞에는 그 어떤 것도 차려놓지 않으며 절해서도 안 된다.

⑪ 집에서 추모예배를 드릴 경우 현관문을 열어놓는 경우가 있는데, 이것은 망자의 혼이 들어와 밥을 먹고 가도록 하는 유교 제사 풍습이므로 하지 말아야 한다.

⑫ 예배시간은 되도록 길지 않은 것이 유익하다. 신자들만의 예배라면 큰 문제가 없으나 불신자가 있을 경우 15분을 넘기면 지루해질 수 있다.

4. 추모예배후의 식탁교제

① 제사음식 위주로 장만하는 것을 피하고 가족 모두가 즐겁게 먹을 수 있는 음식들로만 준비한다.

② 잡담이나 농담을 금하고 서로 간에 마음을 불편하게 하는 말들은 삼가도록 한다.

③ 집에서 음식을 준비하지 못했으면 가까운 음식점을

이용하는 것도 문제되지 않는다.

④ 무엇보다도 생활 형편에 맞게 준비하는 것이 가족간에 아름다운 식탁교제를 나누는 비결이다. 간소하다고 해서 흉이 되는 것은 아니다. 추모예배는 고인의 기일을 맞이하여 고인을 생각하면서 하나님께 드리는 예배이므로 정성을 다하고자 하는 준비된 마음이 중요하다.

5. 성묘

성묘는 묘지를 보살피러 가는 것이므로 묘지를 가정 분수에 맞게 간결하고 아담하게 가꾸어야 한다. 성묘할 때 가족들은 묘지에 둘러앉아 고인의 은공과 교훈을 되새기며 하나님께 예배를 드리면 된다. 납골당에 모신 경우도 동일하다. 고인의 유골이 안치된 곳에서 추모예배를 간단하게 드린 후 가족간에 유익한 교제의 시간을 가지면 된다.

여호와는 나의 목자시니 내게 부족함이 없으리로다

그가 나를 푸른 풀밭에 누이시며 쉴 만한 물 가로 인도하시는도다

내 영혼을 소생시키시고 자기 이름을 위하여

의의 길로 인도하시는도다

내 평생에 선하심과 인자하심이 반드시 나를 따르리니

내가 여호와의 집에 영원히 살리로다

(시 23:1~3,6)

1부

부모님(어른) 기일추모예배
―신자 가족과의 추모예배―

Sermon_

천국을 바라보며

넘치는 위로

영원한 위로

영원한 생명

천국은 어떤 곳인가

새로운 인생

천국의 상징 가나안

신자 가족과의 추모예배(1)

천국을 바라보며

■■■ **개식사**

오늘 고 ○○○(호칭)의 기일을 맞이하여 지금부터 하나님 앞에 추모예배를 드리도록 하겠습니다. 다함께 묵상기도를 드리겠습니다.

> • **송영**(인도자가 천천히 낭독한다)
>
> "나의 힘이신 여호와여 내가 주를 사랑하나이다 여호와는 나의 반석이시요 나의 요새시요 나를 건지시는 이시요 나의 하나님이시요 내가 그 안에 피할 나의 바위시요 나의 방패시요 나의 구원의 뿔이시요 나의 산성이시로다"(시 18:1~3)

■■■ **신앙고백** : 다함께
■■■ **찬　　송** : 301장〈통:460장〉/ 다함께
■■■ **대표기도** : 맡은 이 또는 가족 중 한 사람
■■■ **성경봉독** : 누가복음 16장 19~22절

"한 부자가 있어 자색 옷과 고운 베옷을 입고 날마다 호화롭게 즐기더라 그런데 나사로라 이름하는 한 거지가 헌데 투성이로 그의 대문 앞에 버려진 채 그 부자의 상에서 떨어

지는 것으로 배불리려 하매 심지어 개들이 와서 그 헌데를 핥더라 이에 그 거지가 죽어 천사들에게 받들려 아브라함의 품에 들어가고 부자도 죽어 장사되매"

■■■ 설　　교 : 하나님의 나라를 바라보며

오늘 우리는 이미 고인이 되신 ○○○(호칭)을 추모하는 시간을 갖고 있습니다. 이미 고인은 하나님의 나라에서 평안을 누리고 있을 것을 믿습니다. 우리 또한 세상에서의 시간이 다 지나면 그곳에 갈 것입니다. 다시 말씀드리면 우리가 갈 곳은 천국입니다.

그러나 종종 우리는 죽음 이후에 갈 곳이 없는 사람들처럼 살고 있다는 생각을 합니다. 세상에서의 즐거움을 좇고 성공을 이루려고 갖은 애를 쓰고 실패에 낙심하고 좌절하며 살아가고 있습니다.

바로 본문에 나오는 부자와 같은 모습입니다. 부자는 세상에서 성공한 사람이었나 봅니다. 자색 옷이나 고운 베옷을 입고 날마다 호화롭게 즐겼다고 했습니다. 사람들이 부러워할 만한 사람이었을 것입니다. 그리고 인격적으로도 너그러운 성격의 소유자였나 봅니다. 그는 날마다 잔치를 베풀어서 많은 사람을 대접했습니다. 거지 나사로가 대문 앞에 있었으면 무척 거슬렸을 텐데 그를 내쫓지도 않았습니다.

하지만 부자는 죽음이라는 것을 생각하지 않는 사람이

었습니다. 그렇기 때문에 자신의 영혼에 대하여도 무관심했습니다. 오직 세상이 전부였고 그것이 끝이었습니다. 그는 죽은 후에야 비로소 천국과 지옥이 있음을 알게 됐고, 자신뿐만 아니라 다른 가족의 영혼에 대하여도 관심을 갖게 되었습니다. 그러나 이미 늦어버렸습니다. 천국과 지옥을 택할 수 있는 기회는 오직 이 땅 위에 살아 있을 동안뿐이기 때문입니다.

하나님은 성경의 곳곳에서 천국과 지옥에 대하여 보여주고 계십니다. 그리고 만물의 주인이시요, 온 우주의 통치자이신 하나님을 기억하라고 말씀하고 계십니다. 땅을 딛고 세상을 살고 있지만 우리의 최종적인 도착지는 천국이라는 것을 거듭 말씀하고 있는 것을 볼 수 있습니다.

천국을 생각하며 바라보면 세상에서의 부와 성공과 즐거움이 그리 커 보이지 않습니다. 하늘에서의 평안과 기쁨은 이 세상의 어느 것과도 비교조차 할 수 없을 것이기 때문입니다.

죽음이라는 것은 분명 슬프며 가슴 아픈 일입니다. 그러나 죽음을 통해서 천국을 바라볼 수 있다면 죽음이 복이 될 것입니다. 이 세상이 끝이 아님을 되새기며 영혼에 관심을 가질 수 있다면 큰 은혜일 것입니다.

하나님의 사랑으로 우리는 이미 천국을 얻었습니다. 천국의 백성이 되었습니다. 고인을 생각할 때마다 하나님의 나라인 천국을 떠올리며 천국 백성의 모습을 이루어가는 우리 모두가 되기를 바랍니다.

■■■ **기　　도** : 설교자

　　하나님 아버지, 저희를 사망의 길에서 구원하여 주시고 하나님 나라의 영원한 소망을 품게 하시니 감사합니다. 이 땅을 살아가는 동안 이 세상이 끝이 아님을 되새기며 겉모습이 아닌 영혼에 관심을 갖고 사는 저희들이 되게 하옵소서. 저희에게 주신 하나님의 생명을 가슴에 품고 천국에 가신 고인을 생각할 때마다, 하나님의 은혜와 사랑과 소망을 되새길 수 있게 하옵소서. 예수 그리스도의 이름으로 기도합니다. 아멘

■■■ **찬　　송** : 242장〈통:233장〉/ 다함께
■■■ **추모묵도** : 돌아가신 부모님을 추모하는 묵도
■■■ **주기도문** : 다함께

• 메모

신자 가족과의 추모예배(2)

넘치는 위로

■■■ 개식사

오늘 고 ○○○(호칭)의 기일을 맞이하여 지금부터 하나님 앞에 추모예배를 드리도록 하겠습니다. 다함께 묵상기도를 드리겠습니다.

> • 송영(인도자가 천천히 낭독한다)
>
> "여호와는 은혜로우시며 긍휼이 많으시며 노하기를 더디 하시며 인자하심이 크시도다 여호와께서는 모든 것을 선대하시며 그 지으신 모든 것에 긍휼을 베푸시는도다 여호와여 주께서 지으신 모든 것들이 주께 감사하며 주의 성도들이 주를 송축하리이다"
> (시 145: 8~10)

- ■■■ **신앙고백** : 다함께
- ■■■ **찬　송** : 494장〈통:188장〉/ 다함께
- ■■■ **대표기도** : 맡은 이 또는 가족 중 한 사람
- ■■■ **성경봉독** : 고린도후서 1장 3~5절

"찬송하리로다 그는 우리 주 예수 그리스도의 하나님이시요 자비의 아버지시요 모든 위로의 하나님이시며 우리의 모

든 환난 중에서 우리를 위로하사 우리로 하여금 하나님께 받는 위로로써 모든 환난 중에 있는 자들을 위로하게 하시는 이시로다 그리스도의 고난이 우리에게 넘친 것 같이 우리가 받는 위로도 그리스도로 말미암아 넘치는도다"

▪▪▪ 설   교 : 넘치는 위로

고인께서 하나님의 부르심을 받으신 지 벌써 ○년이 되었습니다. 그렇지만 우리 모두의 기억 속에는 살아생전 고인의 모습이 아직 생생하게 남아 있습니다.

질병으로 고통을 당하시던 고인이 치유되는 것이 우리 가족들에게는 가장 간절하고 큰 소망이었습니다. 그러나 그 간절함에도 불구하고 하나님께서 고인을 천국으로 데려가셨습니다. 이 자리에 있는 모두가 알고 있듯이, 고인은 우리들을 위해서 모든 것을 쏟아 부으셨고, 너무나 자상하셨고 인자하셨습니다. 자식을 위해 최선을 다하셨고 특히, 자식 사랑이 남달랐던 사랑이 많으신 분이셨습니다.

그러나 그 착하신 분을 하나님이 천국으로 부르셨습니다. 우리는 하나님의 그 깊으신 섭리와 뜻을 헤아리기 어려워 하나님께 대해 다소 서운한 감정을 지울 수 없겠지만, 시간이 흐르면 언젠가는 그 뜻을 깨닫도록 하나님은 인도하실 것입니다. 우리는 그때까지 고인의 자녀로서 그분의 신앙을 생각하며 신앙생활을 잘해야만 할 것입니다. 우리가 신앙생활을 잘해야만 하나님의 뜻을 깨달을 수 있고, 하나님이 주시는 위로도 받을 수 있을 것입니다.

본문의 사도 바울도 이것을 고백하고 있습니다.

고통 가운데 하나님의 위로도 있다는 것을 말하고 있습니다. 어쩌면 고난의 삶일수록 주님의 위로도 매우 크다는 것입니다. 그러므로 현재 우리가 불행처럼 느껴지는 일들로 인하여 가슴 아파하고 괴로워할 것이 아니라, 사도 바울처럼 주님이 주실 넘치는 위로를 바라보는 것입니다.

어떤 사람에게 위로가 필요하겠습니까? 우리 같이 슬픔이 있는 자에게 주님의 위로가 필요한 것 아니겠어요? 그러므로 주님의 위로를 경험하면서 살려면 우리 모두가 신앙의 길을 잘 걸어야 할 줄로 압니다.

이것이 또한 우리 곁을 떠나신 고인이 저 천국에서 소망하고 있는 것이기도 할 것입니다. 아무쪼록 주님이 주실 넘치는 위로를 바라보며, 지금은 불행처럼 느껴지는 모든 아픔들이지만 잘 이겨나갈 수 있는 우리가 되어야 하겠습니다.

■■■ 기　　도 : 설교자

자비로우신 하나님, 세상의 모든 일들이 하나님의 섭리 안에서 이루어짐을 믿습니다. 저희에게 닥친 아픔과 슬픔 가운데서도 하나님의 섭리하심과 크신 은혜를 발견하게 도와주시옵소서. 고통과 고난 속에 빠졌을 때 더욱 하나님을 찾게 하시고 영원한 위로를 얻을 수 있도록 인도하여 주옵소서. 부모님의 신앙을 이어받아 하나님을 잘 섬길 수 있는 저희 가족이 되게 하옵소서. 머잖아 아버지(어머니)를 다시 만날 수 있는 소망이 있으니 흔들림 없는 신앙으로 달음질할 수 있게 하옵소서. 이 자리에 함께한 저희 가족들에게 주님께서 크신 은총으로 덮으실 것을 믿습니다. 예수 그리스도의 이름으로 기도합니다. 아멘

- **찬　　송** : 493장〈통:545〉/ 다함께
- **추모묵도** : 돌아가신 부모님을 추모하는 묵도
- **주기도문** : 다함께

• 메모

신자 가족과의 추모예배(3)

영원한 위로

■■■ 개식사

오늘 고 ○○○(호칭)의 기일을 맞이하여 지금부터 하나님 앞에 추모예배를 드리도록 하겠습니다. 다함께 묵상기도를 드리겠습니다.

> • **송영**(인도자가 천천히 낭독한다)
>
> "내게 주신 모든 은혜를 내가 여호와께 무엇으로 보답할까 내가 구원의 잔을 들고 여호와의 이름을 부르며 여호와의 모든 백성 앞에서 나는 나의 서원을 여호와께 갚으리로다"(시 116:12~14)

- ■■■ **신앙고백** : 다함께
- ■■■ **찬　　송** : 249장〈통:249장〉/ 다함께
- ■■■ **대표기도** : 맡은 이 또는 가족 중 한 사람
- ■■■ **성경봉독** : 데살로니가후서 2장 13~17절

"주께서 사랑하시는 형제들아 우리가 항상 너희에 관하여 마땅히 하나님께 감사할 것은 하나님이 처음부터 너희를 택하사 성령의 거룩하게 하심과 진리를 믿음으로 구원을 받게 하심이니 이를 위하여 우리의 복음으로 너희를 부르사 우리

주 예수 그리스도의 영광을 얻게 하려 하심이라 그러므로 형제들아 굳건하게 서서 말로나 우리의 편지로 가르침을 받은 전통을 지키라 우리 주 예수 그리스도와 우리를 사랑하시고 영원한 위로와 좋은 소망을 은혜로 주신 하나님 아버지께서 너희 마음을 위로하시고 모든 선한 일과 말에 굳건하게 하시기를 원하노라"

■■■ 설　　교 : 영원한 위로

고인이 우리들 곁을 떠나 하늘나라로 가신 지 벌써 ○년이 되었습니다. 아직도 저의 기억 속에는 고인이 운명하시던 마지막 모습이 지워지지 않고 있습니다. 가쁜 숨을 몰아쉬며 무엇인가 우리들에게 들려주고 싶으신 말씀이 있으셨는데, 말문을 열 기력조차 없으셔서 입만 벌리고 계시다가 하늘나라로 가셨습니다.

우리는 고인의 마지막 모습을 지켜보면서 그분이 마지막으로 들려주고 싶으셨던 말씀이 '천국에서 다시 만나자'는 말씀일 것이라고 짐작해 봅니다. 하나님께서 우리에게 천국을 기업으로 주셨으니 우리가 고인의 신앙을 본받아 신앙생활을 잘하면 머잖아 다시 만나게 될 것입니다. 이 소망이 있으니 하나님께 감사하면서 이 땅에서 신앙생활을 잘할 수 있는 모두가 되어야 하겠습니다.

우리가 알듯이 이 땅에서 이별은 피할 수 있는 것이 아닙니다. 누구나 다 겪게 되어 있습니다. 누구를 막론하고 반드시 이별할 수밖에 없습니다. 그것이 자연의 이치이고 하나님의 섭리입니다. 고인은 하나님이 주신 장수의 복을 누리셨습니다.

우리나라에도 인생칠십고래희(人生七十古來稀)라는 말이 있어서 장수는 희귀한 일로 찬양했습니다. 칠십만 살아도 장수라고 생각한 것입니다. 그래서 칠십까지 산 것을 희귀하다고 하여 희연이라고 하고, 팔십 세의 장수를 기쁘다고 하여 기쁠 희 자를 사용하여 희수라고 하기도 하고 미수라고 하기도 합니다. 그리고 구십 세의 장수를 흔히 백수를 누리셨다고들 말합니다.

고인은 장수하셨으니 이 사실을 생각하면서 슬픔 속에서도 큰 위로가 있기를 바랍니다.

오늘 말씀에서 사도 바울은 하나님께서 영원한 위로와 좋은 소망을 은혜로 주셨다고 했습니다. 인간의 위로는 잠시뿐이지만 하나님이 주시는 위로는 영원하다는 것입니다. 또 좋은 소망을 은혜로 주셨다고 했습니다. 우리 주님께서 저뿐만이 아니라 우리 가정 모든 식구에게도 천국의 소망을 은혜로 주셨습니다. 이 사실을 생각할 때마다 얼마나 감사한 일입니까?

이제 우리 모두는 고인의 믿음을 이어받아 주님의 몸 된 교회를 잘 섬기고, 믿음의 덕을 세우는 삶을 살아가야 할 것입니다. 또한 고인이 물려주신 믿음의 기업을 자자손손 이어갈 수 있도록 힘써야만 할 것입니다.

하나님께서 우리에게 천국을 기업으로 주셨으니 저 천국에서 고인을 다시 만날 것을 생각하며 소망 가운데 살아가는 모두가 될 수 있기를 바랍니다.

■ 기 도 : 설교자

은혜가 많으신 하나님 아버지, 고인을 장수하게 하셔서 하나님의 은혜를 많은 사람에게 알리게 하시니 감사드립니다. 이제 하늘나라로 가셨지만 저희를 통해 그 받은 은혜들이 이어지고 전해지게 하옵소서. 또한 고인의 신앙을 이어받아 주님의 몸 된 교회를 잘 섬기고 믿음의 덕을 세우는 삶을 살아갈 수 있게 하옵소서. 예수 그리스도의 이름으로 기도합니다. 아멘

■ 찬 송 : 220장〈통:278장〉/ 다함께
■ 추모묵도 : 돌아가신 부모님을 추모하는 묵도
■ 주기도문 : 다함께

• 메모

신자 가족과의 추모예배(4)

영원한 생명

▪▪▪ **개식사**

오늘 고 ○○○(호칭)의 기일을 맞이하여 지금부터 하나님 앞에 추모예배를 드리도록 하겠습니다. 다함께 묵상기도를 드리겠습니다.

> • **송영**(인도자가 천천히 낭독한다)
>
> "보라 형제가 연합하여 동거함이 어찌 그리 선하고 아름다운고 머리에 있는 보배로운 기름이 수염 곧 아론의 수염에 흘러서 그의 옷깃까지 내림 같고 헐몬의 이슬이 산들에 내림 같도다 거기서 여호와께서 복을 명령하셨나니 곧 영생이로다"(시 133:1~3)

▪▪▪ **신앙고백** : 다함께
▪▪▪ **찬 송** : 522장〈통:269장〉/ 다함께
▪▪▪ **대표기도** : 맡은 이 또는 가족 중 한 사람
▪▪▪ **성경봉독** : 마가복음 5장 21~24절

"예수께서 배를 타시고 다시 맞은편으로 건너가시니 큰 무리가 그에게로 모이거늘 이에 바닷가에 계시더니 회당장 중의 하나인 야이로라 하는 이가 와서 예수를 보고 발 아래 엎

드리어 간곡히 구하여 이르되 내 어린 딸이 죽게 되었사오니 오셔서 그 위에 손을 얹으사 그로 구원을 받아 살게 하소서 하거늘 이에 그와 함께 가실새 큰 무리가 따라가며 에워싸 밀더라"

▪▪▪ 설　교 : 영원한 생명

오늘 고인의 기일을 맞이하여 추모예배를 드리면서 고인의 죽음에 대해 다시 한 번 생각해 보고자 합니다. 본문에 보면 예수님이 길을 가시는데 회당장 야이로라 하는 사람이 와서 엎드려 자신의 딸을 살려달라고 간청을 합니다. 그래서 예수님이 승낙하시고 야이로의 집으로 가고 있는데 중간에서 회당장의 하인들이 와서 딸이 이미 죽었다는 소식을 전합니다.

예수님과 일행이 집에 도착을 해보니 아니나 다를까 소녀는 이미 죽었고 사람들은 모두 울며 슬퍼하고 있었습니다. 그러나 예수님은 소녀가 죽은 것이 아니라 자고 있다는 이상한 말씀을 하셨습니다. 물론 사람들은 비웃었지요. 그런데 여기서 놀라운 일이 벌어집니다.

예수님께서 "달리다굼, 소녀야 일어나라"하시니 소녀가 깨어난 것입니다. 사람들은 놀라고 큰 동요가 있었습니다. 이 말씀을 통해 우리가 새겨야 할 교훈이 있습니다.

첫째, 큰일을 당했을 때 낙심치 말고 예수님을 찾아야 합니다.

회당장 야이로는 상당히 높은 지위를 갖고 있었지만 겸손히 예수님의 발 아래 엎드려 간구했습니다. 인간의 생명을 주관하시는 주님 앞에 우리는 교만할 수 없습니다. 차마 나가지 못하는 것조차도 교만입니다. 엄청난 일이 우리의 앞을 가로막아도 낙심과 좌절의 도가니에 빠지지 말고 만물의 주인이신 주님 앞에 나가는 것이 우리가 할 일입니다.

둘째, 생명의 주인은 내가 아니라는 것입니다.

회당장 야이로의 딸은 열두 살이었습니다. 물론 예수님의 능력과 은혜로 살아났지만 죽음이라는 것은 나이와 상관없이 찾아옵니다. 그리고 누구에게나 반드시 찾아옵니다. 그러므로 생사를 주관하시는 하나님께 우리의 영혼을 맡기고 살아야 합니다.

셋째, 예수 안에서는 죽음도 끝이 아니라는 것을 알아야 합니다.

예수님께서 몸소 부활하심으로 우리에게도 부활의 소망을 주셨습니다. 죽음은 끝이 아닙니다. 모든 것이 마찬가지입니다. 삶의 소망이 끊어진 것 같은 때에도 예수님이 마음에 계시다면 끝이 아닙니다. 우리는 어떤 상황에서도 예배할 수 있고 소망을 품을 수 있습니다. 죽음을 이기신 예수님은 우리에게도 그 상황을 이기게 하실 것이기 때문입니다.

오늘 고인의 기일을 맞이하여 고인의 살아오셨던 날들을 되새겨보며 말씀을 나눴습니다. 사는 동안 슬픔이 있고 고난이 있는 것은 당연하지만, 그것을 예수님의 능력으로 이기고 날마다 승리하는 삶을 사는 우리가 되어야 하겠습니다.

■■ **기　　도** : 설교자

　　은혜로우신 하나님, 저희 가정을 사랑하셔서 예수님으로 인한 소망을 갖게 하시니 감사합니다. 오늘 아버지(어머니)의 기일을 맞이하여 가족들이 모였습니다. 세상을 살면서 어렵고 힘든 일이 많이 있지만 죽음조차도 끝이 아니라 하시는 예수님의 말씀을 새기고 서로 격려하며 승리하는 삶을 살 수 있게 도와주시옵소서. 예수 그리스도의 이름으로 기도합니다. 아멘

■■ **찬　　송** : 384장〈통:434장〉/ 다함께
■■ **추모묵도** : 돌아가신 부모님을 추모하는 묵도
■■ **주기도문** : 다함께

• 메모

신자 가족과의 추모예배(5)

천국은 어떤 곳인가

■■■ **개식사**

오늘 고 ○○○(호칭)의 기일을 맞이하여 지금부터 하나님 앞에 추모예배를 드리도록 하겠습니다. 다함께 묵상기도를 드리겠습니다.

> • **송영**(인도자가 천천히 낭독한다)
>
> "여호와는 나의 목자시니 내게 부족함이 없으리로다 그가 나를 푸른 풀밭에 누이시며 쉴 만한 물 가로 인도하시는도다 내 영혼을 소생시키시고 자기 이름을 위하여 의의 길로 인도하시는도다 내 평생에 선하심과 인자하심이 반드시 나를 따르리니 내가 여호와의 집에 영원히 살리로다"(시 23:1~3,6)

■■■ **신앙고백** : 다함께
■■■ **찬   송** : 606장〈통:291장〉/ 다함께
■■■ **대표기도** : 맡은 이 또는 가족 중 한 사람
■■■ **성경봉독** : 요한계시록 21장 3~4절

"내가 들으니 보좌에서 큰 음성이 나서 이르되 보라 하나님의 장막이 사람들과 함께 있으매 하나님이 그들과 함께 계

시리니 그들은 하나님의 백성이 되고 하나님은 친히 그들과 함께 계셔서 모든 눈물을 그 눈에서 닦아 주시니 다시는 사망이 없고 애통하는 것이나 곡하는 것이나 아픈 것이 다시 있지 아니하리니 처음 것들이 다 지나갔음이러라"

설교 : 천국은 어떤 곳인가

오늘 고인의 기일을 맞이하여 추모예배를 드리면서 지금 고인이 가 계신 천국에 대하여 잠시 생각해 보면서 주님이 주시는 위로와 소망을 얻고자 합니다. 성경에는 천국에 대한 증거의 말씀이 많이 나오는데 예수님이 선포하신 복음의 중심 메시지도 바로 천국(하나님의 나라)이었습니다.

그러면 천국은 어떤 곳입니까?

첫째, 눈물이 없는 곳입니다.

우리는 이 세상을 살아가면서 많은 눈물을 흘리게 됩니다. 그 이유는 이 세상은 고통과 슬픔이 많기 때문입니다. 그런데 오늘 말씀에 천국은 눈물이 없는 곳이라고 증거하고 있습니다(4). 천국에 눈물이 없다는 것은 천국은 고통과 슬픔이 없고 영원한 기쁨만 있다는 것을 의미합니다. 왜일까요? 하나님이 구원받은 사람들의 눈에서 눈물을 없애주셨기 때문입니다. 그래서 천국에서는 눈물을 흘릴 일이 없습니다.

둘째, 사망이 없는 곳입니다.

사람들이 가장 두려워하는 것이 사망, 즉 죽음입니다. 그리고 사람들에게 가장 큰 슬픔을 안겨 주는 것도 사랑하는 사람의 죽음입니다. 그런데 오늘 말씀에 천국은 사망이 없다고 말씀하고 있습니다. 왜일까요? 천국은 죽음에서 부활하여 영생을 얻은 자가 들어가는 곳이기 때문입니다. 그래서 천국의 백성이 된 사람들은 더 이상 죽음을 슬퍼할 일이 없습니다.

셋째, 영원한 복락이 있는 곳입니다.

천국은 하나님이 계시는 곳이며, 하나님이 주권적으로 통치하시는 곳입니다. 성경은 하나님이 계신 곳과 하나님이 거하시는 집에는 영원한 복락이 있다고 증거하고 있습니다. 시편 16편 11절에는 "주의 앞에는 충만한 기쁨이 있고 주의 오른쪽에는 영원한 즐거움이 있나이다"라는 말씀이 있고, 36편 8절에서는 "주께서 주의 복락의 강물을 마시게 하시리이다"라는 말씀이 있습니다.

고인이 가신 곳은 이처럼 영원한 복락이 있는 곳입니다. 눈물 대신 웃음이, 슬픔 대신 기쁨이, 저주 대신 복이 가득한 곳입니다. 우리가 예수님을 믿는 이유도 이처럼 좋은 천국에 들어가기 위해서입니다. 우리보다 앞서 간 많은 믿음의 선진들도 이곳을 사모하며 바라보던 곳이고 우리도 장차 믿음으로 들어가게 될 곳입니다.

고인이 좋은 복락의 나라에 들어가셨으니 우리는 슬퍼하기보다는 나중에 천국에 들어가서 고인을 만날 날을 생각하며 주어진 삶을 열심히 살아야 할 것입니다. 이 자리에 있는 우리 모든 가족은 이와 같은 소망으로 승리하며 살아갈 수 있기를 바랍니다.

기 도 : 설교자

사랑이 풍성하신 하나님, 저희 가족을 사랑하셔서 천국의 상속자가 되게 하심을 감사드립니다. 또한, 고인이 먼저 천국에 가 계신다고 생각하니 슬픔 가운데서도 위로를 얻습니다. 저희도 나중에 천국에 들어가서 주님과 함께 고인을 만날 날을 소망하며 인내로써 믿음의 경주를 잘할 수 있는 삶이 되게 하옵소서. 예수 그리스도의 이름으로 기도합니다. 아멘

찬 송 : 찬송/ 380장〈통:424장〉/ 다함께
추모묵도 : 돌아가신 부모님을 추모하는 묵도
주기도문 : 다함께

• 메모

신자 가족과의 추모예배(6)

새로운 인생

■■■ 개식사

오늘 고 ○○○(호칭)의 기일을 맞이하여 지금부터 하나님 앞에 추모예배를 드리도록 하겠습니다. 다함께 묵상기도를 드리겠습니다.

> • **송영**(인도자가 천천히 낭독한다)
>
> "전능하신 이 여호와 하나님께서 말씀하사 해 돋는 데서부터 지는 데까지 세상을 부르셨도다 온전히 아름다운 시온에서 하나님이 빛을 비추셨도다 우리 하나님이 오사 잠잠하지 아니하시니 그 앞에는 삼키는 불이 있고 그 사방에는 광풍이 불리로다"
> (시 50:1~3)

- ■■■ **신앙고백** : 다함께
- ■■■ **찬　송** : 507장〈통:273장〉/ 다함께
- ■■■ **대표기도** : 맡은 이 또는 가족 중 한 사람
- ■■■ **성경봉독** : 히브리서 10장 32~35절

"전날에 너희가 빛을 받은 후에 고난의 큰 싸움을 견디어 낸 것을 생각하라 혹은 비방과 환난으로써 사람에게 구경거

리가 되고 혹은 이런 형편에 있는 자들과 사귀는 자가 되었으니 너희가 갇힌 자를 동정하고 너희 소유를 빼앗기는 것도 기쁘게 당한 것은 더 낫고 영구한 소유가 있는 줄 앎이라 그러므로 너희 담대함을 버리지 말라 이것이 큰 상을 얻게 하느니라"

■ 설 교 : 새로운 인생

한 해가 시작되거나 새로 어떤 일을 시작할 때 많은 사람들이 인생의 목표를 다시 정하고 꼭 해내리라 굳은 결심을 하곤 합니다. 그러나 작심삼일이라는 말처럼 보통 그런 결심들은 곧 잊혀버리고 맙니다. 날마다 뼈를 깎는 노력이 동반되어야 하는데 그것이 쉽지 않기 때문일 것입니다. 그러면서도 매번 다시 목표를 정합니다. 이 모양 이 꼴로 살아서는 안 되겠다는 반성 또한 늘 갖고 있기 때문입니다.

오늘 먼저 떠나신 고인의 생애를 돌아보면서 우리의 삶을 반성하고 하나님께서 인도하시는 인생길을 살펴보고자 합니다.

본문에 의하면 그리스도인으로서 살아가면서 새겨야 할 덕목 중의 하나로 담대함을 말하고 있습니다. 담대함이 큰 상을 얻게 한다고 했습니다.

담대함이란 담대하라고 말씀하신 하나님을 믿는 것입니다.

새로이 이스라엘의 지도자가 된 여호수아는 계속 담대

하라고 하신 하나님을 믿고 가나안으로 들어갔습니다. 공회에 붙잡힌 사도 바울도 "담대하라 네가 예루살렘에서 나의 일을 증언한 것 같이 로마에서도 증언하여야 하리라"고 하신 주님을 믿고 복음을 전하는 데 온몸을 바쳐 헌신했습니다.

하나님은 여호수아와 사도 바울을 통해 우리에게도 "담대하라"는 말씀을 하고 계십니다. 믿음에 의심이 들 때에도, 핍박이 올 때에도, 고난으로 괴로울 때에도 우리가 가슴에 품어야 할 하나님의 말씀은 "담대하라"입니다. 이것을 지켜야 합니다. 담대해야 하나님의 능력을 경험할 수 있습니다. 즉 하나님의 도우심을 이끌어내는 길은 바로 우리의 담대한 믿음입니다. 다윗이 골리앗을 이길 때의 담대한 믿음이 바로 그것입니다.

매번 새로운 결심을 하기보다 우리는 먼저 더욱 담대해질 것을 결심해야 하겠습니다.

어떤 상황에서도 우리를 도우실 주를 믿는 담대한 믿음, 그리고 어떤 상황에서도 주의 뜻을 이루며 살겠다는 담대한 결심, 이것이 필요합니다.

변화하고 싶어도 한 번도 변화되지 못한 인생, 주의 뜻대로 살고 싶어도 한 번도 그렇게 살지 못한 인생, 복음을 증거하고자 해도 한 번도 입을 열지 못한 인생, 이런 인생에서 필요한 것은 담대함입니다.

담대함은 이제까지 한 번도 해 보지 못한 것들을 가능하게 할 것입니다. 한 번도 살아 보지 못한 새로운 인생을 살게 할 것입니다. 우리 모두 담대하라고 하신 하나님을 믿고 담대하게 승리의 삶을 사는 믿음의 사람이 되기를 바랍니다.

■■ **기   도** : 설교자

은혜로우신 하나님, 저희 예배를 받아 주심을 감사드립니다. 이제 저희가 살아가면서 죽음도 두려워하지 않고, 실패도 두려워하지 않고, 저희의 못난 모습도 두려워하지 않고, 사람들의 거절도 두려워하지 않고, 하나님과 담대하게 살아갈 수 있도록 도와주시옵소서. 위기의 때마다, 복음이 필요한 사람들을 만날 때마다 우리 마음속에 담대하라는 하나님의 음성을 기억할 수 있도록 하여 주옵소서. 죽음을 이기신 예수 그리스도의 이름으로 기도합니다. 아멘

■■ **찬   송** : 찬송/ 380장⟨통:424장⟩/ 다함께
■■ **추모묵도** : 돌아가신 부모님을 추모하는 묵도
■■ **주기도문** : 다함께

• 메모

신자 가족과의 추모예배(7)

천국의 상징 가나안

■■■ **개식사**

오늘 고 ○○○(호칭)의 기일을 맞이하여 지금부터 하나님 앞에 추모예배를 드리도록 하겠습니다. 다함께 묵상기도를 드리겠습니다.

> • **송영**(인도자가 천천히 낭독한다)
>
> "나의 영혼이 잠잠히 하나님만 바람이여 나의 구원이 그에게서 나오는도다 오직 그만이 나의 반석이시요 나의 구원이시요 나의 요새이시니 내가 크게 흔들리지 아니하리로다"(시 62:1~2)

■■■ **신앙고백** : 다함께
■■■ **찬 송** : 249장〈통 : 249장〉/ 다함께
■■■ **대표기도** : 맡은 이 또는 가족 중 한 사람
■■■ **성경봉독** : 신명기 11장 10~15절

"네가 들어가 차지하려 하는 땅은 네가 나온 애굽 땅과 같지 아니하니 거기에서는 너희가 파종한 후에 발로 물 대기를 채소밭에 댐과 같이 하였거니와 〈중략〉 내가 오늘 너희에게 명하는 내 명령을 너희가 만일 청종하고 너희의 하나

님 여호와를 사랑하여 마음을 다하고 뜻을 다하여 섬기면 여호와께서 너희의 땅에 이른 비, 늦은 비를 적당한 때에 내리시리니 너희가 곡식과 포도주와 기름을 얻을 것이요 또 가축을 위하여 들에 풀이 나게 하시리니 네가 먹고 배부를 것이라"

설 교 : 천국의 상징 가나안

오늘 본문의 말씀은 모세가 가나안 땅 정복을 앞둔 이스라엘 백성들에게 선포한 설교 내용 중에 한 부분입니다. 가나안 땅에 들어가는 것은 애굽을 탈출한 이스라엘 백성들의 가장 큰 목표였습니다.

모세는 본문에서 가나안 땅이 얼마나 좋은 곳인지를 소개했는데, 가나안 땅은 영적으로 천국을 상징하므로 이 말씀은 곧 천국에 대한 소개로 받아들여도 될 것입니다. 그러면 영적인 가나안 땅인 천국은 어떤 곳입니까?

첫째, 하나님이 항상 돌보시는 곳입니다.

12절을 보면 "네 하나님 여호와께서 돌보아 주시는 땅이라 연초부터 연말까지 네 하나님 여호와의 눈이 항상 그 위에 있느니라"고 하였습니다.

이 말씀은 하나님께서 가나안 땅에 사는 이스라엘 백성들을 지극한 관심과 사랑을 가지고 보살펴 주신다는 뜻입니다. 이와 같이 영적인 가나안인 천국에 올라간 사람들도 하나님의 관심과 보살핌 속에서 평안하게 살고 있습니다.

그러므로 우리는 천국에 가 계신 고인에 대하여 아무 걱정할 것이 없습니다.

둘째, 모든 필요가 충족되는 곳입니다.

오늘 본문을 보면 이른 비와 늦은 비에 대하여 말씀하고 있는데, 이른 비는 파종기에 접어들 때 딱딱하고 메마른 땅을 촉촉하게 적셔 주어 밭을 갈기 좋게 하는 비이며, 늦은 비는 추수기에 접어들 때 결실을 더욱 풍요롭게 해주는 비입니다.

이른 비와 늦은 비는 한해 농사의 풍작과 흉작을 결정할 정도로 중요한 것으로서 때마다 성도들의 필요를 채워 주시는 하나님의 은혜를 상징합니다.

이와 같이 천국도 이른 비와 늦은 비, 즉 필요한 것을 때마다 공급해 주시는 하나님의 은혜가 충만한 곳이므로 아무런 부족함이 없습니다. 세상에서는 자연재해로 흉년이 든다든가 경제적으로 큰 불황이 닥쳐오면 살아가는 것이 무척 고달프고 힘들게 됩니다.

비록 국가적인 자연재해나 불황이 없을지라도 개인적으로 곤핍한 생활을 하는 사람들도 많습니다. 그러나 천국은 하나님께서 성도들의 모든 필요를 채워 주시는 곳이기 때문에 풍요롭게 살아갈 수 있습니다.

고인은 이처럼 좋은 곳에서 영생복락을 누리고 계십니다. 우리가 정말 감사해야 할 것은 하나님을 믿고 사랑하며 섬기는 자는 누구든지 하나님이 항상 돌보시는 천국에 들어갈 수 있다는 것입니다. 아무쪼록 이 자리에서 추모예배를 드리는 우리 모두는 끝까지 하나님을 잘 믿고 섬김으로써 고인이 들어가신 천국에 다 들어갈 수 있는 주인공들이 될 수 있기를 바랍니다.

■■■ **기　　도** : 설교자

　은혜로우신 하나님, 언제나 저희를 돌보아 주심을 감사드립니다. 특히 하나님의 돌보심 가운데 영생복락을 누릴 천국에 들어갈 수 있는 특권을 주심을 감사드립니다. 우리 모두가 이 세상을 사는 동안 하나님을 잘 믿고 섬김으로써 주님을 기쁘시게 해드릴 수 있는 복 있는 사람이 되게 하여 주옵소서. 예수 그리스도의 이름으로 기도합니다. 아멘

■■■ **찬　　송** : 246장〈통:221장〉/ 다함께
■■■ **추모묵도** : 돌아가신 부모님을 추모하는 묵도
■■■ **주기도문** : 다함께

• 메모

의인들의 구원은 여호와로부터 오나니
그는 환난 때에 그들의 요새이시로다
여호와께서 그들을 도와 건지시되
악인들에게서 건져 구원하심은 그를 의지한 까닭이로다
(시 37:39~40)

2부

부모님(어른) 기일추모예배
-불신 가족과의 추모예배-

Sermon_

복된 죽음

복된 소낙비

보배를 담은 질그릇

복 있는 삶

죽었으나 말한다

잠과 죽음

영원한 집

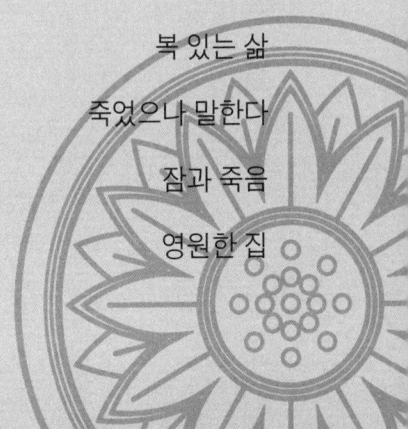

불신 가족과의 추모예배(1)

복된 죽음

■■■ **개식사**

오늘 고 ○○○(호칭)의 기일을 맞이하여 지금부터 하나님 앞에 추모예배를 드리도록 하겠습니다. 다함께 묵상기도를 드리겠습니다.

> • **송영**(인도자가 천천히 낭독한다)
>
> "여호와는 궁핍한 자의 소리를 들으시며 자기로 말미암아 갇힌 자를 멸시하지 아니하시나니 천지가 그를 찬송할 것이요 바다와 그 중의 모든 생물도 그리할지로다"(시 69:33~34)

■■■ **신앙고백** : 다함께
■■■ **찬　송** : 240장〈통:231장〉/ 다함께
■■■ **대표기도** : 맡은 이 또는 가족 중 한 사람
■■■ **성경봉독** : 요한계시록 14장 13절

"또 내가 들으니 하늘에서 음성이 나서 이르되 기록하라 지금 이후로 주 안에서 죽는 자들은 복이 있도다 하시매 성령이 이르시되 그러하다 그들이 수고를 그치고 쉬리니 이는 그들의 행한 일이 따름이라 하시더라"

■■ 설　　교 : 복된 죽음

　잘 사는 것은 모든 사람들의 공통된 소망입니다. 사람들이 열심히 일해서 돈을 많이 벌려고 하는 것이나 몸에 좋은 음식을 먹는 것도 잘 살기 위한 몸부림일 것입니다. 그런데 삶이 있으면 죽음도 있기에 잘 죽는 것도 잘 사는 것 못지않게 중요합니다.

　그러면 잘 죽는 것은 어떤 것일까요? 오늘 고인을 추모하는 예배를 드리면서 이에 대해 잠깐 말씀을 증거하고자 합니다.

　첫째, 주 안에서 죽는 것입니다.

　오늘 본문에 "또 내가 들으니 하늘에서 음성이 나서 이르되 기록하라 지금 이후로 주 안에서 죽는 자들은 복이 있도다"(上)라는 말씀이 있습니다.

　이 말씀은 복된 죽음이 어떤 것인지 밝히 증거하고 있습니다. 바로 주 안에서 죽는 것입니다. 다시 말하면 생전에 예수 그리스도를 믿고 살다가 세상을 떠나는 것입니다. 그러므로 진정으로 잘 죽는 것은 세상에서 부유하고 평안하게 살다가 수한이 다 되어 죽는 것이 아닙니다.

　세상에서 아무리 부귀와 장수를 누렸다고 할지라도 죽어서 그 영혼이 구원을 받지 못하면 무슨 이익이 있겠습니까? 주 안에서 죽지 못한 사람이 갈 곳은 영원히 불타는 지옥입니다.

　고인은 생전에 예수님을 잘 믿으셨기 때문에 복된 죽음

을 맞이하신 것입니다. 우리 역시 세상에서 믿음으로 살다가 복된 죽음을 맞이해야만 할 것입니다.

둘째, 하늘에 상급을 쌓는 것입니다.

오늘 본문에 "성령이 이르시되 그러하다 그들이 수고를 그치고 쉬리니 이는 그들의 행한 일이 따름이라 하시더라"(下)하는 말씀이 있습니다. 이 말씀에 나오는 '그들'이란 주 안에서 죽은 자들을 가리킵니다.

성령께서는 주 안에서 죽은 자들이 수고를 그치고 쉬는 이유에 대해 그들의 업적이 항상 뒤에 남아 있기 때문이라고 하셨습니다. 이것은 곧 주 안에서 죽은 자들에게는 그 업적에 따라 상급이 다를 것임을 암시한 것입니다.

예수님을 믿고 주 안에서 죽은 자들은 모두 구원을 받지만 천국에서 받을 상급은 동일하지 않습니다. 하나님의 나라를 위해 열심히 일하고 큰 열매를 맺은 사람일수록 많은 상급을 받습니다. 고인께서는 생전에 하나님의 나라와 교회를 위해 많은 수고를 하셨기 때문에 천국에서 많은 상급을 받으셨을 것입니다.

우리도 세상에서의 모든 수고를 그치고 하나님 앞에 설 때 많은 상급을 받을 수 있도록 주의 일에 힘쓰고 하나님이 기뻐하시는 삶을 살아야 할 것입니다.

요즘 사람들은 건강하고 오래 사는 것에 관심이 많습니다. 그러나 우리가 세상을 살면 얼마나 더 살겠습니까?

우리 그리스도인은 잘 사는 것보다 잘 죽는 것을 더 중시

해야만 합니다. 아무쪼록 고인을 추모하기 위해 이 자리에 모인 모든 가족들도 훗날에 복된 죽음이 될 수 있도록 예수님을 잘 믿으시고 믿음의 업적을 쌓을 수 있기를 바랍니다.

■■ 기　　도 : 설교자

　은혜로우신 하나님, 저희 모두가 생전에 예수 그리스도를 잘 믿다가 죽어 세상을 떠나면 주님 품에 안길 수 있게 하옵소서. 또한 이 땅에서 믿음의 공적을 많이 쌓음으로 모든 수고를 그치고 주님 앞에 설 때, 많은 상급을 받을 수 있게 하옵소서. 저희 가족 모두가 믿음으로 잘 사는 삶이 되게 하실 것을 믿습니다. 예수 그리스도의 이름으로 기도합니다. 아멘

■■ 찬　　송 : 494장〈통:188장〉/ 다함께
■■ 추모묵도 : 돌아가신 부모님을 추모하는 묵도
■■ 주기도문 : 다함께

• 메모

불신 가족과의 추모예배(2)

복된 소낙비

■■■ 개식사

오늘 고 ○○○(호칭)의 기일을 맞이하여 지금부터 하나님 앞에 추모예배를 드리도록 하겠습니다. 다함께 묵상기도를 드리겠습니다.

> • 송영(인도자가 천천히 낭독한다)
>
> "나와 함께 여호와를 광대하시다 하며 함께 그의 이름을 높이세 내가 여호와께 간구하매 내게 응답하시고 내 모든 두려움에서 나를 건지셨도다"
> (시 34:3~4)

■■■ **신앙고백** : 다함께
■■■ **찬 송** : 508장〈통:270장〉/ 다함께
■■■ **대표기도** : 맡은 이 또는 가족 중 한 사람
■■■ **성경봉독** : 에스겔 34장 25~28절

"내가 또 그들과 화평의 언약을 맺고 악한 짐승을 그 땅에서 그치게 하리니 그들이 빈들에 평안히 거하며 수풀 가운데에서 잘지라 내가 그들에게 복을 내리고 내 산 사방에 복을 내리며 때를 따라 소낙비를 내리되 복된 소낙비를 내리

리라 그리한즉 밭에 나무가 열매를 맺으며 땅이 그 소산을 내리니 그들이 그 땅에서 평안할지라 내가 그들의 멍에의 나무를 꺾고 그들을 종으로 삼은 자의 손에서 그들을 건져낸 후에 내가 여호와인 줄을 그들이 알겠고 그들이 다시는 이방의 노략 거리가 되지 아니하며 땅의 짐승들에게 잡아먹히지도 아니하고 평안히 거주하리니 놀랠 사람이 없으리라"

▪ 설　　교 : 복된 소낙비

가뭄이 들면 사람들은 하늘만 쳐다보게 됩니다. 마른 땅에서 곡식은 타들어가고…, 동물들도 비가 오지 않으면 살기 어렵습니다.

이런 때 간절히 원하는 게 소나기입니다. 가물었을 때 내리는 시원한 소나기는 그야말로 축복입니다.

오늘 본문에는 그런 소나기가 나옵니다. "내가 그들에게 복을 내리고 내 산 사방에 복을 내리며 때를 따라 소낙비를 내리되 복된 소낙비를 내리리라"(26). 복된 소낙비는 어떤 것인지 복된 소낙비를 통해 우리는 어떤 하나님을 경험하게 되는지 한 번 나눠보겠습니다.

첫째, 여기서의 소낙비는 하나님께로부터 오는 은혜를 말합니다.

가물어 갈라진 땅을 충분히 적셔줄 은혜, 즉 고난과 고통을 겪을 때 다시 회복시키시는 하나님의 은혜를 말합니다.

꼭 기억해야 할 것은 은혜와 축복의 근원이 하나님이라는 것입니다. 하나님이 하셔야만 완전합니다. 인간의 노력으로 이리 싸매고 저리 붙이고 해도 하나님께서 다시 무너뜨리면 아무 소용이 없습니다. 그래서 은혜의 근원이신 하나님을 언제나 기억하고 그 앞으로 나아가야 합니다.

둘째, 복된 소낙비는 때를 따라 내립니다.

가장 필요할 때 내리는 것이 복된 것입니다. 하나님은 우리에게 가장 필요한 것을 가장 적절한 때에 주십니다. 뜻하지 않은 고난으로 힘든 사람에게도 가장 적합한 은혜를 내리시고 본인의 죄 때문에 괴로워하는 사람에게도 가장 적절한 깨달음을 주십니다. 그 은혜로 인해 새로운 힘을 얻고 용서에 대한 확신을 가지고 승리하게 되는 것입니다.

하나님은 불순종하고 교만한 이스라엘을 징계하셨습니다. 바벨론에 의해 멸망하도록 허락하신 것입니다. 그리고 오랫동안 고통을 겪게 하셨습니다. 그러나 하나님은 다시 회복을 약속하고 계십니다. 그러면서 음란과 우상숭배와 죄악을 제하여 버릴 것을 명령하십니다.

셋째, 복된 소낙비는 하나님께 순종하며 말씀대로 행하는 자에게 주시는 것입니다.

그럴듯한 것이 많고 지혜롭게 보이는 것들이 많아도 거기에는 하나님의 은혜가 없습니다. 변함없이 우리를 기뻐하시고 사랑하시는 하나님 안에서만 영원한 은혜를 누릴 수 있습니다.

이 자리에 있는 우리 모든 가족은 마음을 다하고 성품을 다하여서 하나님을 온전히 섬김으로 복된 소낙비를 누리는 은총이 있기를 바랍니다.

■■ **기　　도** : 설교자

은혜로우신 하나님, 하나님께로부터 오는 것만이 영원한 것인 줄 믿습니다. 하나님의 말씀대로 살며 그 뜻에 순종하는 저희들이 되게 하여 주옵소서. 그래서 어렵고 힘든 때 하나님의 복된 소낙비를 경험하는 저희가 될 수 있게 하여 주옵소서. 저희 가족을 향하신 하나님의 은혜와 사랑에 감사하오며 예수 그리스도의 이름으로 기도합니다. 아멘

■■ **찬　　송** : 309장〈통:409장〉/ 다함께
■■ **추모묵도** : 돌아가신 부모님을 추모하는 묵도
■■ **주기도문** : 다함께

• 메모

불신 가족과의 추모예배(3)

보배를 담은 질그릇

■■■ 개식사

오늘 고 ○○○(호칭)의 기일을 맞이하여 지금부터 하나님 앞에 추모예배를 드리도록 하겠습니다. 다함께 묵상기도를 드리겠습니다.

> • 송영(인도자가 천천히 낭독한다)
>
> "여호와를 의지하는 자는 시온 산이 흔들리지 아니하고 영원히 있음 같도다 산들이 예루살렘을 두름과 같이 여호와께서 그의 백성을 지금부터 영원까지 두르시리로다"(시 125:1~2)

- ■■■ **신앙고백** : 다함께
- ■■■ **찬　　송** : 384장〈통:434장〉/ 다함께
- ■■■ **대표기도** : 맡은 이 또는 가족 중 한 사람
- ■■■ **성경봉독** : 고린도후서 4장 7절

"우리가 이 보배를 질그릇에 가졌으니 이는 심히 큰 능력은 하나님께 있고 우리에게 있지 아니함을 알게 하려 함이라"

■ 설   교 : 보배를 담은 질그릇

사실 예배와 어울리는 단어는 기쁨입니다. 예배의 요소 중 하나가 찬양입니다. 찬양은 기쁨과 즐거움의 대명사입니다. 그래서 어떤 교회는 예배를 축제라고 부릅니다. 그런 예배도 앞에 추모(追慕)라는 말이 붙으면 분위기가 사뭇 달라집니다. 아무래도 죽음이라는 것을 전제하고 드리는 예배이기 때문입니다. 때문에 다른 예배와는 다를 수밖에 없을 것입니다. 어쨌든 죽음으로 인하여 우린 사랑하는 이를 볼 수 없게 되었기 때문입니다.

우리 모두도 결국은 죽게 될 것입니다. 따라서 이 시간은 죽음이라는 다소 무거운 주제를 앞에 놓고, 죽음 앞에서 참된 인생의 모습은 어떤 것인가에 대하여 생각하는 것이 좋을 듯합니다.

첫째, 인생은 질그릇이라는 것입니다.

오늘 성경 말씀은 질그릇을 언급하고 있는데 여기서 질그릇은 우리의 인생, 또는 몸을 이야기하는 것입니다. 더 나아가 우리의 인생의 가치에 대하여 이야기하는 것입니다.

잘 알듯이, 질그릇은 귀한 그릇이 아닙니다. 흔해빠진 그릇이요, 흙으로 만들었기 때문에 깨지기도 쉽습니다. 우리 인간의 몸이 바로 그렇다는 것입니다. 우리 모두는 깨지기 쉬운 질그릇과 같습니다. 우리는 우리의 몸이 병들지 않을 것처럼 착각하지 말아야 합니다.

결국은 깨지게 되어 있는 존재입니다. 흔히들 이야기하는 것처럼 흙에서 왔으니 흙으로 돌아가게 되어 있는 것입니다.

둘째, 보배를 담는 질그릇이 되어야 합니다.

그러면 참된 인생은 어떤 것일까요? 비록 우리 몸은 질그릇이지만, 우리 몸에 무엇을 담느냐에 따라 귀하게 여겨질 수 있다는 것입니다. 꿀을 담으면 꿀단지가 될 수 있겠지만, 오줌을 담으면 요강이 됩니다. 같은 밥을 담아도 개가 먹을 것을 담으면 개밥그릇이 됩니다. 다시 말해서 그릇 자체가 값어치 있는 것이 아니라, 이 그릇에 무엇을 담느냐가 중요한 것입니다.

오늘 성경 말씀이 바로 그것을 이야기하고 있는 것입니다. 우리가 중요하고 귀한 것은 우리 안에 보배가 담겨 있기 때문이라는 것입니다. 여기서 말하는 보배는 바로 예수 그리스도를 말하는 것입니다. 비록 우리가 질그릇이라서 하찮게 여겨질 수 있지만, 우리 안에 예수 그리스도가 담기면 보배를 가진 보물단지가 되는 것입니다. 인생의 참된 의미는 예수 그리스도를 담느냐, 그렇지 않느냐에 달려 있는 것입니다. 예수 그리스도를 담은 인생은 죽음을 이기는 삶을 사는 것입니다. 그 다음 절에 나오는 것처럼 "사방으로 우겨쌈을 당하여도 싸이지 아니하는 것"입니다.

우리는 예수 그리스도를 담은 인생이 되어 죽음을 정복하고, 생명을 가진 삶이 되어야만 합니다.

우리보다 앞서 간 사랑하는 이가 제일 원하는 것은, 고인과는 상관없이 이 땅에 있는 우리가 생명을 가지는 것입니다. 죽음을 정복하는 것입니다. 의미 있는 모습으로 서는 것입니다. 그렇다면 보배이신 예수 그리스도를 담지 않고는 안 됩니다. 예수 그리스도를 담은 인생이 되어서 보배처럼 빛나는 삶이 되기를 바랍니다.

▪▪▪ **기　　도** : 설교자

　　은혜로우신 하나님, 저희는 질그릇같이 깨지기 쉬운 연약한 존재임을 깨닫습니다. 그러나 보배이신 예수 그리스도를 담으면 저희의 인생도 보배처럼 빛나는 인생이 될 줄을 믿습니다. 그러므로 저희 모두가 예수 그리스도를 담은 인생이 되게 하여 주옵소서. 예수 그리스도의 이름으로 기도합니다. 아멘

▪▪▪ **찬　　송** : 436장〈통:493장〉/ 다함께
▪▪▪ **추모묵도** : 돌아가신 부모님을 추모하는 묵도
▪▪▪ **주기도문** : 다함께

• 메모

불신 가족과의 추모예배(4)

복 있는 삶

■■■ **개식사**

오늘 고 ○○○(호칭)의 기일을 맞이하여 지금부터 하나님 앞에 추모예배를 드리도록 하겠습니다. 다함께 묵상기도를 드리겠습니다.

> • **송영**(인도자가 천천히 낭독한다)
>
> "복 있는 사람은 악인들의 꾀를 따르지 아니하며 죄인들의 길에 서지 아니하며 오만한 자들의 자리에 앉지 아니하고 오직 여호와의 율법을 즐거워하여 그의 율법을 주야로 묵상하는도다" (시 1:1~2)

■■■ **신앙고백** : 다함께
■■■ **찬　송** : 430장〈통:456장〉/ 다함께
■■■ **대표기도** : 맡은 이 또는 가족 중 한 사람
■■■ **성경봉독** : 신명기 12장 25~28절

"너는 피를 먹지 말라 네가 이같이 여호와께서 의롭게 여기시는 일을 행하면 너와 네 후손이 복을 누리리라 〈중략〉 내가 네게 명령하는 이 모든 말을 너는 듣고 지키라 네 하나님 여호와의 목전에 선과 의를 행하면 너와 네 후손에게 영구

히 복이 있으리라"

■■■ 설　　교 : 복 있는 삶

　사람들은 누구나 세상에서 복을 받고 잘 살기를 원합니다. 이 같은 소망은 내 자신뿐만 아니라 가족과 후손도 모두 복 받는 삶을 살기를 바랄 것입니다.

　천국에 계신 고인도 세상에 남아 있는 자녀들과 그 후손이 복을 받고 잘 살기를 바라고 계실 것입니다. 그러면 우리와 우리의 후손들이 복 있는 삶을 살아가려면 어떻게 해야 하겠습니까? 오늘 이 자리에서 고인을 추모하는 예배를 드리면서 성경 속에서 복 있는 삶의 비결을 찾아보고자 합니다.

　첫째, 하나님의 계명을 지키는 것입니다.

　오늘 본문 25절에 "여호와께서 의롭게 여기시는 일을 행하면 너와 네 후손이 복을 누리리라"는 말씀이 있습니다. 그러면 여호와께서 의롭게 여기시는 일이 무엇일까요?

　하나님이 주신 계명과 규례를 지켜 행하는 것입니다. 오늘날 우리가 지켜야 할 계명과 규례는 구약의 율법이 아닙니다. 예수님은 우리에게 새 계명을 주셨는데 하나님을 사랑하고 이웃을 사랑하는 것입니다(막 12:29~31). 그러므로 오늘날 우리가 지켜야 할 계명은 하나님을 사랑하고 이웃을 사랑하는 것입니다. 이 계명을 지키는 사람은 후손에게도 복을 끼친다는 것입니다.

둘째, 정직하게 살아가는 것입니다.

시편 112편 2절에 "그의 후손이 땅에서 강성함이여 정직한 자의 후손에게 복이 있으리로다" 하는 말씀이 있습니다. 이 말씀은 정직한 자의 후손이 복을 받는다는 것을 증거하고 있는 것입니다. 그런데 여기서 정직이란 도덕적인 면에서 거짓이 없는 것만을 가리키는 것은 아닙니다.

성경에서 말하는 정직이란 무엇보다 '하나님이 보시기에 옳은 것'을 의미합니다. 비록 인간적인 판단과 기준에서는 거리낌이 없을지라도 하나님의 인정을 받기에 부족하다면 정직한 사람이라고 할 수 없습니다.

오늘 본문 28절에 "네 하나님 여호와의 목전에 선과 의를 행하면 너와 네 후손에게 영구히 복이 있으리라"는 말씀이 있습니다. 하나님이 보시기에 옳은 일을 행하는 정직한 사람은 후손에게까지 영구한 복을 끼치게 하신다는 것입니다. 그러므로 하나님 앞에서 정직하게 살아갈 때 우리와 우리의 후손이 복 있는 삶을 누릴 수 있습니다.

사랑하는 가족 여러분, 모든 부모는 자신은 비록 못 살아도 후손들이 복되고 형통한 삶을 살기를 바라고 있습니다. 하늘나라에 가신 고인도 당신의 후손들이 복 있는 삶을 살기를 간절히 소망하고 계실 것입니다.

우리가 고인의 이 같은 소망을 이루어 드리려면 하나님의 계명을 지키고 하나님이 보시기에 정직하게 살아가야만 할 것입니다.

이 자리에 있는 모든 가족들이 하나님의 복을 받아 누릴 수 있는 삶이 되시기를 주님의 이름으로 간절히 소원합니다.

■■ 기　　도 : 설교자

은혜로우신 하나님, 저희 모든 가족이 복 있는 삶이 되게 하여 주옵소서. 하나님을 사랑하고 이웃을 사랑하는 주님의 계명을 잘 지켜 행할 수 있게 하시고, 하나님이 보시기에 옳은 일을 행함으로 정직함을 인정받을 수 있는 삶이 되게 하여 주옵소서. 그리하여 후손들에게도 하나님의 복을 물려줄 수 있게 하옵소서. 예수 그리스도의 이름으로 기도합니다. 아멘

■■ 찬　　송 : 218장<통:369장>/ 다함께
■■ 추모묵도 : 돌아가신 부모님을 추모하는 묵도
■■ 주기도문 : 다함께

• 메모

불신 가족과의 추모예배(5)

죽었으나 말한다

▪▪▪ 개식사

오늘 고 ○○○(호칭)의 기일을 맞이하여 지금부터 하나님 앞에 추모예배를 드리도록 하겠습니다. 다함께 묵상기도를 드리겠습니다.

> • **송영**(인도자가 천천히 낭독한다)
>
> "너희 권능 있는 자들아 영광과 능력을 여호와께 돌리고 돌릴지어다 여호와께 그의 이름에 합당한 영광을 돌리며 거룩한 옷을 입고 여호와께 예배할지어다" (시 29:1~2)

▪▪▪ **신앙고백** : 다함께
▪▪▪ **찬 송** : 491장〈통:543장〉/ 다함께
▪▪▪ **대표기도** : 맡은 이 또는 가족 중 한 사람
▪▪▪ **성경봉독** : 히브리서 11장 4절

"믿음으로 아벨은 가인보다 더 나은 제사를 하나님께 드림으로 의로운 자라 하시는 증거를 얻었으니 하나님이 그 예물에 대하여 증언하심이라 그가 죽었으나 그 믿음으로써 지금도 말하느니라"

■ 설　교 : 죽었으나 말한다

오늘 먼저 하나님의 나라로 가신 고인의 추모일을 맞이하여 하나님의 크신 위로가 가족들에게 함께하시기를 기원합니다.

오늘 본문 말씀은 아벨에 관한 말씀입니다. 아벨은 자기의 형 가인에 의해 죽임을 당한 사람입니다. 그런데 히브리서 기자는 그를 믿음의 위대한 인물로 꼽고 있습니다. 그러면서 아주 귀한 말을 해주고 있습니다.

"그가 죽었으나 그 믿음으로써 지금도 말하느니라" 죽었지만 지금까지 말한다는 것입니다. 사실적으로 보자면 죽은 자는 말이 없습니다. 말을 할 수 없습니다. 그러나 믿음으로는 말할 수 있습니다. 쉽게 말해서 지옥에 간 사람도 말을 합니다. 천국에 간 사람도 말을 합니다 (눅 16장).

다만 우리가 그 말을 잘 듣지 못할 뿐입니다. 제가 생각할 때 추모식은 먼저 가신 고인이 오늘 우리들에게 무슨 말씀을 하시는가? 그 말씀을 듣는 날이라고 생각합니다.

오늘 천국에 가신 고인께서 당신의 후손들에게 말씀을 하신다면 과연 무슨 말씀을 하시겠습니까?

첫째, 이 천국이 너무 아름답다고 말씀하실 것입니다.

고인은 이 세상에 계실 때 주님을 믿고 영접함으로 구원을 받아 지금은 하늘나라에서 행복한 삶을 살아가고 있는 줄 믿습니다. 그곳에서 당신이 계신 하늘나라가 너무나 아름답고 행복하다고 말씀하시지 않겠습니까?

이 좋은 곳에 나의 모든 후손들이 꼭 와야만 한다고 말씀하시지 않겠어요? 그 음성을 들을 수 있기를 바랍니다. 아울러 아직도 믿지 않는 식구들은 꼭 예수님을 믿을 수 있기를 바랍니다.

'모두가 예수를 믿어서 이 아름답고 행복한 곳에 오기를 바란다. 이곳에서 만나자' 라고 말씀하시는 고인의 음성을 들을 수 있기를 바랍니다.

둘째, 고인은 형제끼리 가족끼리 화목하라고 말씀하실 것입니다.

고인은 살아계실 때나 지금 돌아가신 이후에나 항상 바라시는 것 중의 하나가 가족들의 화목이었습니다. 화목이 정말 중요하고 행복의 큰 요소 중의 하나이기 때문입니다. 형제들과 화목하는 것은 하나님의 뜻이기도 하고 고인의 뜻이기도 합니다. 바라기는 모든 가족들이 화목하는 삶을 살아감으로 하나님과 고인의 뜻을 꼭 이룰 수 있기를 바랍니다.

셋째로, 예수 잘 믿는 생활을 하라고 말씀하실 것입니다.

고인이 하늘나라에 가보니까 이 세상의 것은 솔로몬이 일찍이 말한 대로 헛되고 헛된 것뿐이라는 것을 깨닫게 되었을 것입니다. 오직 하나 남는 것은 불에 타시 않는 믿음뿐이었습니다. 그래서 고인이 사랑하는 후손들에게 말하고 싶은 것이 '예수님 잘 믿어라. 믿음을 붙들어라. 그래야 하늘나라에서 영생복락을 누리게 될 것이다' 일 것입니다.

아무쪼록 지금 우리에게 고인이 말씀하고자 하는 그 음성을 듣고 그 뜻을 따라서 살아가는 가족들이 될 수 있기를 간절히 바랍니다.

■■ 기　　도 : 설교자

은혜로우신 하나님, 저희 가족들이 지금 하늘나라에서 아버지(어머니)가 후손들에게 믿음으로 말씀하고 계신 음성을 잘 들을 수 있게 하옵소서. 가족 모두가 예수님을 더욱 잘 믿을 수 있게 하시고, 형제간에 더욱 화목할 수 있게 하옵소서. 예수 그리스도의 이름으로 기도합니다. 아멘

■■ 찬　　송 : 220장〈통:278장〉/ 다함께
■■ 추모묵도 : 돌아가신 부모님을 추모하는 묵도
■■ 주기도문 : 다함께

• 메모

불신 가족과의 추모예배(6)

잠과 죽음

■■■ **개식사**

오늘 고 ○○○(호칭)의 기일을 맞이하여 지금부터 하나님 앞에 추모예배를 드리도록 하겠습니다. 다함께 묵상기도를 드리겠습니다.

> • **송영**(인도자가 천천히 낭독한다)
>
> "의인들의 구원은 여호와로부터 오나니 그는 환난 때에 그들의 요새이시로다 여호와께서 그들을 도와 건지시되 악인들에게서 건져 구원하심은 그를 의지한 까닭이로다"(시 37:39~40)

■■■ **신앙고백** : 다함께
■■■ **찬 송** : 419장〈통:478장〉/ 다함께
■■■ **대표기도** : 맡은 이 또는 가족 중 한 사람
■■■ **성경봉독** : 고린도전서 15장 16~21절

"만일 죽은 자가 다시 살아나는 일이 없으면 그리스도도 다시 살아나신 일이 없었을 터이요 그리스도께서 다시 살아나신 일이 없으면 너희의 믿음도 헛되고 너희가 여전히 죄 가운데 있을 것이요 또한 그리스도 안에서 잠자는 자도 망하

였으리니〈후략〉"

▪ 설　　교 : 잠과 죽음

　사람은 누구나 태어나면 성장과정을 거쳐 장성한 후에는 서서히 늙어가게 됩니다. 늙는다는 것은 죽음을 향해 가고 있다는 것을 의미합니다. 죽음은 인생의 한 과정이기 때문에 사람들은 누구나 언젠가는 죽음을 맞이하지 않을 수 없게 됩니다. 죽음의 이 같은 당위성에도 불구하고 사랑하는 사람의 죽음은 우리를 슬프게 만듭니다. 그러나 우리 그리스도인들은 죽음은 영원한 이별이 아니라 잠시만의 이별임을 믿기에 위로와 소망을 얻습니다. 성경은 여러 곳에서 죽음을 잠에 비유했습니다(마9:24, 요11:11). 사도 바울도 오늘 말씀에서 죽은 자들을 잠자는 자들이라고 표현했습니다.

　그러면 왜 성경은 죽음을 잠에 비유했을까요?
　첫째, 죽음은 잠깐 동안의 이별이기 때문입니다.

　우리는 자는 사람과 교제할 수 없습니다. 즉 자는 사람과는 대화를 하거나 어떤 일을 같이 할 수 없다는 것입니다. 그러나 그가 잠에서 깨어나면 교제를 할 수 있습니다. 마찬가지로 우리는 죽은 사람과는 아무런 대화를 나눌 수 없고 행동도 함께 할 수 없습니다. 그러나 그가 죽음에서 부활하고 우리 역시 나중에 죽음 후에 부활하면 다시 교제할 수 있습니다.

우리가 밤에 잠을 자면 아침에 항상 깨어나듯이 죽음은 영원한 이별이 아니라 잠깐 동안의 이별인 것입니다.

둘째, 죽음은 편히 쉬는 것입니다.

우리가 잠을 자는 것은 곤한 육신의 휴식을 위해서입니다. 우리가 낮에 활동을 한 후에는 밤에는 반드시 잠을 자야만 합니다. 비록 낮이라도 육신이 고단하면 잠깐이라도 잠을 자는 것이 좋습니다. 잠은 육신의 휴식을 위해서 대단히 필요한 것입니다.

성경이 죽음을 잠에 비유한 것은 죽음은 곤한 인생길을 마치고 안식하는 것임을 증거하기 위해서입니다. 죽음은 환난과 근심이 많은 세상에서의 수고를 그치고 낙원에서 안식하는 것입니다.

셋째, 죽음은 새로운 세계로 향하는 관문입니다.

사람들이 죽음을 두려워하는 이유 중의 하나는 죽음이 모든 것의 끝이라고 생각하기 때문일 것입니다. 즉 죽으면 끝장이라는 생각이 사람들로 하여금 죽음을 두려워하게 하는 것입니다. 그러나 죽음은 모든 것의 끝이 아니라 새로운 시작입니다. 즉 새로운 세계로 향하는 관문입니다.

우리가 예수님의 재림 전에 새로운 세계인 천국에 가려면 반드시 죽어야만 합니다. 숙음이라는 관문을 거치지 않고는 천국에 갈 수 없습니다.

초대교회 성도들은 무덤을 침실이라고 불렀다고 합니다. 그 이유는 마치 잠자는 자의 깨어남 같이 죽음 후에는 새

세계로 향하는 부활이 있음을 믿었기 때문입니다.

　고인은 생전에 주님을 열심히 믿으셨기에 지금 주 안에서 안식하고 계시는 줄 믿습니다. 남아 있는 우리들도 이 세상을 떠날 때 복된 죽음을 맞아 고인을 저 천국에서 만나게 되기를 바랍니다.

■■■ **기　　도** : 설교자

　은혜로우신 하나님, 저희도 고인처럼 생전에 주님을 열심히 믿을 수 있게 하옵소서. 그리하여 주님 안에서 참된 안식을 누릴 수 있게 하시고, 천국을 기업으로 받을 수 있게 하옵소서. 또한 주님이 오시는 날 다시 부활하여 영광의 주님을 찬송할 수 있게 하옵소서. 예수 그리스도의 이름으로 기도합니다. 아멘

■■■ **찬　　송** : 486장〈통:474장〉/ 다함께
■■■ **추모묵도** : 돌아가신 부모님을 추모하는 묵도
■■■ **주기도문** : 다함께

• 메모

불신 가족과의 추모예배(7)

영원한 집

■■■ **개식사**

오늘 고 ○○○(호칭)의 기일을 맞이하여 지금부터 하나님 앞에 추모예배를 드리도록 하겠습니다. 다함께 묵상기도를 드리겠습니다.

> • **송영**(인도자가 천천히 낭독한다)
>
> "하나님이여 주는 나의 하나님이시라 내가 간절히 주를 찾되 물이 없어 마르고 황폐한 땅에서 내 영혼이 주를 갈망하며 내 육체가 주를 앙모하나이다 내가 주의 권능과 영광을 보기 위하여 이와 같이 성소에서 주를 바라보았나이다 주의 인자하심이 생명보다 나으므로 내 입술이 주를 찬양할 것이라" (시 63:1~3)

■■■ **신앙고백** : 다함께
■■■ **찬 송** : 491장〈통:543장〉/ 다함께
■■■ **대표기도** : 맡은 이 또는 가족 중 한 사람
■■■ **성경봉독** : 고린도후서 5장 1~2절

"만일 땅에 있는 우리의 장막 집이 무너지면 하나님께서 지으신 집 곧 손으로 지은 것이 아니요 하늘에 있는 영원한 집

이 우리에게 있는 줄 아느니라 참으로 우리가 여기 있어 탄식하며 하늘로부터 오는 우리 처소로 덧입기를 간절히 사모하노라"

■ 설　　교 : 영원한 집

천막을 만들어 팔면서 복음을 전했던 사도 바울은 우리 인간의 몸을 장막 집에 비유했습니다. 이것은 천막이 완전한 집이 아니라 임시로 거주하는 공간이듯이, 우리 인간의 몸도 세상에서 영원히 사는 것이 아니라 잠시 동안 이 땅에 머문다는 것을 나타낸 것입니다. 장막 집은 구조가 튼튼하지 못하기 때문에 언젠가는 무너질 때가 옵니다.

마찬가지로 우리 인간의 몸도 유한하기 때문에 언젠가는 죽음을 맞이해야만 하는 것입니다. 그러나 우리 믿는 사람에게는 죽음 후에도 소망이 있습니다. 왜냐하면 육신의 장막집이 무너지면 하늘에 있는 영원한 집으로 처소를 옮기기 때문입니다. 그러면 이 영원한 집은 어떤 집입니까?

첫째, 하나님이 지으신 집입니다.

오늘 말씀에 하늘에 있는 영원한 집은 사람이 손으로 지은 것이 아니라 하나님이 지으신 것임을 증거하고 있습니다(1). 이 집은 하나님이 지으신 것이기 때문에 수명이 있는 지상의 집과는 달리 영원토록 있는 집입니다. 또한 이 집은 예수님께서 예비하신 집입니다.

요한복음 14장 2~3절을 보면 "내 아버지 집에 거할 곳이 많도다 그렇지 않으면 너희에게 일렀으리라 내가 너희를 위하여 거처를 예비하러 가노니 가서 너희를 위하여 거처를 예비하면 내가 다시 와서 너희를 내게로 영접하여 나 있는 곳에 너희도 있게 하리라"고 하셨습니다. 믿음으로 사신 고인은 지금 예수님이 예비하신 영원한 집에 계십니다.

둘째, 영원히 사는 집입니다.

집은 사람이 세상에서 살아가는 데 매우 필요한 요소의 하나입니다. 좋은 집을 소유하는 것은 모든 사람들의 소망입니다. 그러나 사람이 아무리 최고급 주택을 소유했다고 할지라도 거기서 영원히 살 수는 없습니다. 우리 인간의 생명이 유한하기 때문입니다. 그래서 사도 바울은 "참으로 우리가 여기 있어 탄식하며 하늘로부터 오는 우리 처소로 덧입기를 간절히 사모한다"(2)고 말했습니다. 하늘로부터 오는 처소가 바로 영원한 집이기 때문입니다.

고인은 이 땅에서 믿음으로 사시다가 사도 바울이 간절히 사모했던 하늘로부터 오는 처소, 즉 영원한 집으로 가신 것을 믿습니다.

셋째, 우리도 믿음으로 갈 수 있는 집입니다.

하늘에 있는 영원한 집은 먼저 기신 예수님이 예비하신 곳이기 때문에 예수님께 대한 믿음이 없이는 갈 수 없습니다. 예수님을 구주로 믿고 영접한 자만이 저 영원한 집을 소유할 수 있습니다. 우리도 고인의 발자취를 따라 믿음으로 행하면 우리 역시 육신의 장막을 벗을 때 저 영원한 집에 들어가서 먼저 가셨던 고인을 만나게 될 것입니다. 그러므로 저 영원한 집에서 고인을 다시 만날 날을 기다리며 믿음으로 살아가는 자녀들이 됩시다.

■ 기　　도 : 설교자

은혜로우신 하나님, 저희에게 무너지지 않는 영원한 집을 예비하여 주심을 감사드립니다. 육신의 장막을 벗으신 고인이 그곳에서 주님의 위로를 받으며 영원한 안식을 누리고 계시는 줄 믿습니다. 저희들도 주님이 예비하신 영원한 집을 사모하며 변함없는 믿음으로 주님과 동행하는 삶이 되게 하옵소서. 예수 그리스도의 이름으로 기도합니다. 아멘

■ 찬　　송 : 430장〈통:456장〉/ 다함께
■ 추모묵도 : 돌아가신 부모님을 추모하는 묵도
■ 주기도문 : 다함께

• 메모

예수께서 이르시되 나는 부활이요 생명이니
나를 믿는 자는 죽어도 살겠고 무릇 살아서 나를 믿는 자는
영원히 죽지 아니하리니
이것을 네가 믿느냐
(요 11:25~26)

3부

 형제(자녀) 기일 추모예배

Sermon_

주 안에서 죽는 자의 복

그 이름을 생명책에서

죽은 것이 아니라 잔다 하십니다

돌아가는 인생

이제는 음식을 먹을 때

더 나은 본향으로

생명수의 강으로

형제(자녀) 추모예배(1)

주 안에서 죽는 자의 복

■■■ **개식사**

오늘 고 ○○○(호칭)의 기일을 맞이하여 지금부터 하나님 앞에 추모예배를 드리도록 하겠습니다. 다함께 묵상기도를 드리겠습니다.

> • **송영**(인도자가 천천히 낭독한다)
> "오호라 너희 모든 목마른 자들아 물로 나아오라 돈 없는 자도 오라 너희는 와서 사 먹되 돈 없이, 값 없이 와서 포도주와 젖을 사라"
> (사 55:1)

■■■ **신앙고백** : 다함께
■■■ **찬　　송** : 494장〈통:188장〉/ 다함께
■■■ **대표기도** : 맡은 이 또는 가족 중 한 사람
■■■ **성경봉독** : 이사야 57장 1~2절

"의인이 죽을지라도 마음에 두는 자가 없고 진실한 이들이 거두어 감을 당할지라도 깨닫는 자가 없도다 의인들은 악한 자들 앞에서 불리어가도다 그들은 평안에 들어갔나니 바른 길로 가는 자들은 그들의 침상에서 편히 쉬리라"

설 교 : 주 안에서 죽는 자의 복

많은 시간이 흘렀지만 아직도 사랑하는 고인의 죽음이 엊그제 일만 같습니다. 지금 이 순간까지 슬픔이 가시지 않은 모든 가족들에게 주님의 위로와 평안이 함께하시기를 진심으로 기도드립니다.

인류 역사이래 죽음은 우리 인간들에게 두려움과 슬픔과 미지의 대상이자 피할 수 없는 숙명이었습니다. 그러나 예수님께서 죽음에서 부활하심으로 인해 우리 그리스도인들에게 있어서 죽음은 더 이상 두려움과 슬픔과 미지의 대상이 아닙니다.

계시록 14장 13절 말씀에 "주 안에서 죽은 자들은 복이 있도다"라고 증거하고 있습니다. 그렇다면 왜 주 안에서 죽는 자가 복이 있다고 할 수 있겠습니까? 오늘 말씀을 통해서 좋은 깨달음과 위로를 얻기를 바랍니다.

첫째, 신자의 죽음은 세상의 악과 고통을 피하는 것입니다.

본문 말씀 1절에 보면 "의인이 죽을지라도 마음에 두는 자가 없고 진실한 이들이 거두어 감을 당할지라도 깨닫는 자가 없도다"라는 말씀이 있습니다.

여기서 '의인'은 예수님을 믿는 신자를, '악한 자들 앞에서'는 악과 고통을, '거두어 감'이란 하나님의 부르심을 의미합니다. 따라서 이 말씀의 의미는 '하나님이 신자를 세상에서 데려가시는 것은 그로 하여금 악과 고통을 피하게 하려는 데 있다'는 것입니다.

하나님은 여로보암의 아들들 가운데 하나님을 향해 선한 뜻을 품은 아비야를 가장 먼저 데려가셨는데 성경은 아비야의 죽음을 그를 긍휼히 여기사 다가올 환난을 피하게 하시려는 하나님의 은혜라고 증거하고 있습니다(왕상 14:10~13). 우리가 알듯이 이 세상은 고통과 눈물과 죄악이 가득한 곳입니다. 하나님은 세상의 악과 고통을 피하게 하시려고 사랑하는 고인을 먼저 데려가신 줄 믿습니다. 그러므로 하나님이 당신의 백성을 데려가시는 것을 비극으로 생각할 것이 아닙니다.

둘째, 신자의 죽음은 수고를 그치고 편히 쉬는 것입니다.

본문 말씀 2절에 보면 "그들은 평안에 들어갔나니 바른 길로 가는 자들은 그들의 침상에서 편히 쉬리라"는 말씀이 있습니다. 또 본문은 신자의 죽음을 일컬어 수고를 그치고 쉬는 것이라고 증거하고 있습니다.

즉 신자의 죽음은 세상의 모든 수고와 고통에서 놓임을 받고 평안하게 쉬는 것이라는 말씀입니다. 그러니 어찌 신자의 죽음을 불행하다 말할 수 있겠습니까? 사도 요한의 증거대로 주 안에서 죽은 자들은 복된 것입니다.

사랑하는 가족 여러분, 사랑하는 고인이 우리 곁을 떠난 것은 우리에게는 슬픈 일이지만, 오늘 말씀에 위로와 힘을 얻기를 바랍니다.

고인은 주님의 나라에서 평화로운 안식을 누리고 있는 줄 믿습니다. 그러므로 우리는 슬퍼하지만 말고 주님의 나라에서 다시 만날 그날을 소망하며 열심히 살아야 할 것입니다. 이것을 고인이 지금 하늘나라에서 간절히 바라고 있을 것입니다. 더욱 열심히 믿음 생활에 힘쓸 수 있는 우리 가족들이 될 수 있기를 바랍니다.

기 도 : 설교자

은혜로우신 하나님, 악과 고통을 피하게 하시려고 고인을 먼저 데려가실 줄 믿습니다. 고인이 주님의 나라에서 평화로운 안식을 누리고 있는 줄 믿습니다. 이제는 저희로 슬퍼하지만 말게 하시고 주님의 나라에서 다시 만날 것을 소망하며 열심히 살아갈 수 있게 하옵소서. 예수 그리스도의 이름으로 기도합니다. 아멘

찬 송 : 93장〈통:93장〉/ 다함께
추모묵도 : 고인을 추모하는 묵도
주기도문 : 다함께

• 메모

형제(자녀) 추모예배(2)

그 이름을 생명책에서

■■■ **개식사**

오늘 고 ○○○(호칭)의 기일을 맞이하여 지금부터 하나님 앞에 추모예배를 드리도록 하겠습니다. 다함께 묵상기도를 드리겠습니다.

> • **송영**(인도자가 천천히 낭독한다)
>
> "내 아버지 집에 거할 곳이 많도다 그렇지 않으면 너희에게 일렀으리라 내가 너희를 위하여 거처를 예비하러 가노니 가서 너희를 위하여 거처를 예비하면 내가 다시 와서 너희를 내게로 영접하여 나 있는 곳에 너희도 있게 하리라"(요 14:2~3)

■■■ **신앙고백** : 다함께
■■■ **찬　　송** : 292장〈통:415장〉/ 다함께
■■■ **대표기도** : 맡은 이 또는 가족 중 한 사람
■■■ **성경봉독** : 요한계시록 3장 4~5절

"그러나 사데에 그 옷을 더럽히지 아니한 자 몇 명이 네게 있어 흰 옷을 입고 나와 함께 다니리니 그들은 합당한 자인 연고라 이기는 자는 이와 같이 흰 옷을 입을 것이요 내가 그

이름을 생명책에서 결코 지우지 아니하고 그 이름을 내 아버지 앞과 그의 천사들 앞에서 시인하리라"

■■ 설   교 : 그 이름을 생명책에서

소속 정당에서 국회의원으로 출마하려는 정치인들이 가장 싫어하는 말 중의 하나는 아마도 살생부(殺生簿)일 것입니다. 살생부란 "죽이고 살릴 사람의 이름을 적어둔 명부"를 의미합니다. 정당 후보로 국회의원에 출마하려면 당의 공천을 받아야 하는데 살생부에 이름이 올라간다는 것은 당사자에게는 정치생명이 왔다 갔다 할 만큼 두려운 일입니다. 그러나 사람들에게는 이보다 더 두려워해야 할 것이 있는데 그것은 생명책에 이름이 없는 것입니다. 생명책에 이름이 없으면 지옥의 영원한 불못에 던져지기 때문입니다(계 20:15).

오늘 사랑하는 고인을 추모하는 예배를 드리면서 잠깐 생명책에 대해 말씀을 증거하고자 합니다.

첫째, 생명책에 이름이 기록되면 구원을 받습니다.

생명책이란 하나님께서 친히 택하신 백성들의 이름이 기록된 책을 의미합니다. 살생부에는 사람을 죽이고 살릴 사람의 이름이 함께 기록되어 있지만 생명책에는 살릴 사람의 이름만 기록되어 있습니다. 생명책 사상은 구약시대에도 있었습니다. 모세는 하나님이 이스라엘 백성들의 죄를 사해주지 아니하시려거든 주께서 기록하신 책에서 자신의 이름을 지워달라고 했고(출 32:32), 다윗은 자신의 원수들을 생명책에서 지우사 의인들과 함께 기록되지 않게 해달라고 기도했습니다(시 69:28).

생명책에 이름이 기록된다는 것은 바로 구원을 의미했습니다. 요한계시록에 의하면 생명책에 이름이 기록되지 못한 사람은 둘째 사망인 불못에 던져진다고 했습니다.

그러나 생명책에 이름이 기록된 사람은 거룩한 성 예루살렘에 들어간다고 증거하고 있습니다(계 21:27). 그러므로 생명책에 이름이 기록되면 완전한 구원을 얻게 되는 것입니다.

둘째, 믿음으로 살다 간 사람은 생명책에 이름이 있습니다.

생명책은 하나님이 친히 기록하신 책이므로 하나님의 선택을 받은 사람들의 이름이 기록되어 있습니다. 그러면 하나님의 선택을 받은 사람들을 어떻게 구별할 수 있겠습니까? 사실 구원은 하나님의 주권에 속한 것이기 때문에 우리는 하나님의 선택 여부를 함부로 판단할 수는 없습니다. 그러나 믿음으로 살다간 사람에 대해서는 하나님의 선택을 받아 생명책에 이름이 기록되어 있다고 확신할 수 있습니다.

고인은 비록 이 땅에서 짧은 삶을 살았지만 믿음으로 살았기 때문에 생명책에 그 이름이 기록되어 있다는 것을 확신할 수 있습니다. 지금 고인은 오늘 말씀대로 천국에서 흰 옷을 입고 영생복락을 누리고 있을 것입니다.

　아무쪼록 고인을 추모하기 위해 이 자리에 있는 가족들도 슬픔 속에 젖어 있지만 말고 천국에서 고인을 다시 만날 수 있도록 믿음으로 승리하는 삶을 살아가실 수 있기를 바랍니다.

■■ **기　　도** : 설교자

　은혜로우신 하나님, 고인은 비록 이 땅에서 짧은 삶을 살았지만, 그 이름이 생명책에 기록되었으므로 천국에서 주님의 사랑을 받으며 영생복락을 누리고 있는 줄 믿습니다. 여기에 있는 저희들도 고인을 다시 만날 때까지 믿음을 굳게 붙들고 살아갈 수 있게 하옵소서. 예수 그리스도의 이름으로 기도합니다. 아멘

■■ **찬　　송** : 222장〈통:524장〉/ 다함께
■■ **추모묵도** : 고인을 추모하는 묵도
■■ **주기도문** : 다함께

・메모

형제(자녀) 추모예배(3)

죽은 것이 아니라 잔다 하십니다

■■■ **개식사**

오늘 고 ○○○(호칭)의 기일을 맞이하여 지금부터 하나님 앞에 추모예배를 드리도록 하겠습니다. 다함께 묵상기도를 드리겠습니다.

> • **송영**(인도자가 천천히 낭독한다)
> "예수께서 이르시되 나는 부활이요 생명이니 나를 믿는 자는 죽어도 살겠고 무릇 살아서 나를 믿는 자는 영원히 죽지 아니하리니 이것을 네가 믿느냐"
> (요 11:25~26)

■■■ **신앙고백** : 다함께
■■■ **찬　송** : 543장〈통:342장〉/ 다함께
■■■ **대표기도** : 맡은 이 또는 가족 중 한 사람
■■■ **성경봉독** : 누가복음 8장 49~56절

"아직 말씀하실 때에 회당장의 집에서 사람이 와서 말하되 당신의 딸이 죽었나이다 선생님을 더 괴롭게 하지 마소서 하거늘 예수께서 들으시고 이르시되 두려워하지 말고 믿기만 하라 그리하면 딸이 구원을 얻으리라 하시고〈중략〉 모든

사람이 아이를 위하여 울며 통곡하매 예수께서 이르시되 울지 말라 죽은 것이 아니라 잔다 하시니〈후략〉"

■ 설   교 : 죽은 것이 아니라 잔다 하십니다

　세상에서 가장 슬픈 일은 아마도 사랑하는 이의 죽음이 아닌가 싶습니다. 그 중에서도 특히 어린 자식을 먼저 보낸 슬픔이 가장 클 것입니다. 그래서 우리나라 속담에 "부모가 죽으면 땅에 묻고 자식이 죽으면 가슴에 묻는다."는 말이 있습니다. 사랑하는 자식을 잃은 슬픔이 이처럼 큰 슬픔일진대 무엇으로 그 슬픔을 위로할 수 있겠습니까?

　오늘 본문에도 어린 자식을 잃은 사람의 이야기가 나오는데 그는 회당장 야이로라는 사람입니다. 그에게는 열두 살 된 딸이 있었는데 원인 모를 병에 걸려 사경을 헤매다가 결국 죽게 되었습니다. 이 때 예수님은 이 아이의 죽음을 슬퍼하며 통곡하는 사람들에게 "울지 말라 죽은 것이 아니라 잔다"고 말씀하셨습니다. 이 말씀은 자식을 잃고 슬퍼하는 모든 이들에게 주시는 위로의 말씀입니다. 그러면 우리는 이 말씀 속에서 어떤 위로를 받을 수 있습니까?

　첫째, 죽음은 잠시 동안의 이별이라는 것입니다.

　잠이라는 것은 깨어남을 전제로 합니다. 깨어나지 않는 영원한 잠은 없습니다. 생명이 있는 모든 동물은 잠자는 것과 깨어나는 것을 일생 동안 반복합니다. 그러면 왜 예수님은 죽은 아이를 가리켜 잔다고 표현하셨을까요? 본문의 회당장 야이로의 딸은 예수님이 고쳐 주셔서 다시 살아났지만 이것은 궁극적으로 부활에 대한 소망을 주시기 위함이었습니다. 성경에 보면 예수님은 죽은 나사로를 다시 살리시기 전에 그의 누이 마르다에게 "나는 부활이요 생명이니 나를 믿는 자는 죽어도 살겠고"라고 말씀하셨습니다. 그리고 나사로를 다시 살리심으로써 죽은 자도 다시 산다는 믿음을 심어주신 것입니다. 기독교는 부활의 종교입니다. 죽어도 다시 사는 것입니다. 지금은 고인(이름)이 주 안에서 깊은 잠을 자고 있지만 나중에 다시 부활할 것입니다. 우리도 이 부활의 소망을 붙들고 있으면 언젠가는 고인(이름)을 만나게 될 것입니다.

둘째, 천국은 어린 아이의 것입니다.

사람은 누구나 죽으면 좋은 곳으로 가기를 원합니다. 믿지 않는 사람들은 누가 죽으면 "명복(冥福)을 빈다고 하는데 이 말 속에는 사후에 좋은 곳으로 가서 편히 살기를 바란다는 기원이 담겨져 있습니다. 사후에 갈 수 있는 좋은 곳이 어디겠습니까? 그곳은 바로 천국입니다.

예수님은 이 천국이 어린 아이의 것이라고 선언하셨습니다(마19:14). 또한 "누구든지 하나님의 나라를 어린아이와 같이 받들지 않는 자는 결단코 들어가지 못하리라"(막10:15)는 말씀도 하셨습니다.

사랑하는 고인(이름)은 생전에 예수님을 잘 믿다가 잠들었기 때문에 지금은 천국에서 예수님의 품에 안겨 예수님의 사랑을 받으며 행복하게 살아가고 있을 줄 믿습니다. 아무쪼록 오늘 말씀으로 조금이나마 위로를 얻을 수 있기를 바랍니다. 그리고 우리들도 부활과 천국에 대한 믿음을 갖고 언젠가 고인(이름)과 다시 만날 것을 소망하며 잠시 동안의 이별을 잘 이겨내며 살아갈 수 있기를 바랍니다.

기   도 : 설교자

위로하시는 주님, 고인(이름)이 비록 이 땅에서 짧은 삶을 살다 갔기에 너무나 가슴이 아프지만 부활의 소망이 있기에 위로를 얻습니다. 지금 고인(이름)이 천국에서 주님의 사랑을 듬뿍 받고 있음을 믿습니다. 여기에 있는 저희들도 고인(이름)을 다시 만날 때까지 믿음을 굳게 붙들고 살아갈 수 있게 하옵소서. 예수 그리스도의 이름으로 기도합니다. 아멘

찬   송 : 480장〈통:293장〉/ 다함께
추모묵도 : 고인을 추모하는 묵도
주기도문 : 다함께

• 메모

형제(자녀) 추모예배(4)

돌아가는 인생

■■■ 개식사

오늘 고 ○○○(호칭)의 기일을 맞이하여 지금부터 하나님 앞에 추모예배를 드리도록 하겠습니다. 다함께 묵상기도를 드리겠습니다.

> • 송영(인도자가 천천히 낭독한다)
>
> "그러나 이제 그리스도께서 죽은 자 가운데서 다시 살아나사 잠자는 자들의 첫 열매가 되셨도다 사망이 한 사람으로 말미암았으니 죽은 자의 부활도 한 사람으로 말미암는도다"(고전 15:20~21)

■■■ **신앙고백** : 다함께
■■■ **찬 송** : 249장〈통:249장〉/ 다함께
■■■ **대표기도** : 맡은 이 또는 가족 중 한 사람
■■■ **성경봉독** : 창세기 49장 29~33절

"그가 그들에게 명하여 이르되 내가 내 조상들에게로 돌아가리니 나를 헷 사람 에브론의 밭에 있는 굴에 우리 선조와 함께 장사하라 이 굴은 가나안 땅 마므레 앞 막벨라 밭에 있는 것이라 아브라함이 헷 사람 에브론에게 가서 밭과 함께

사서 그의 매장지를 삼았으므로 아브라함과 그의 아내 사라가 거기 장사되었고 이삭과 그의 아내 리브가도 거기 장사되었으며 나도 레아를 그곳에 장사하였노라〈후략〉"

설교 : 돌아가는 인생

우리나라는 사람이 죽으면 '돌아가셨다'고 표현합니다. 그런데 놀랍게도 성경도 죽음을 돌아감으로 표현하고 있습니다(창35:29,49:33).

그러면 성경이 죽음을 돌아감으로 표현한 것은 우리에게 어떤 메시지를 주고 있겠습니까?

첫째, 우리 인생이 하나님으로부터 왔다는 것입니다.

'돌아가다'의 사전적 의미는 '원래 있던 곳으로 다시 가거나 다시 그 상태가 되다'라는 것입니다. 죽음이 원래 있던 곳으로 다시 가는 것이라면 세상에서의 삶이 우리 인생의 처음과 끝이 아님이 자명해집니다. 그러면 우리 인생은 어디에서 온 것입니까? 바로 하나님으로부터 온 것입니다. 하나님이 우리를 세상에 보내셨기에 우리가 세상에 태어날 수 있었다는 것입니다. 고인(이름)도 짧은 삶이지만, 이 세상에서의 삶을 마치고 고인(이름)을 보내신 하나님께로 돌아간 것입니다.

둘째, 죽음이 인생의 끝이 아니라는 것입니다.

야곱은 애굽 땅에서 죽음을 맞이했지만 자신의 몸을 가나안 땅 막벨라 굴에 묻어달라는 유언을 남겼습니다. 가나안은 하나님이 이스라엘 민족에게 기업으로 주신 땅으로서 천국을 상징합니다. 그리고 막벨라 굴은 야곱의 조부모와 부모 등 조상들이 묻혀 있는 가족묘입니다.

야곱은 남은 혈족들에게 무엇을 보여 주려고 자기를 이곳에 묻어달라고 신신당부했겠습니까? 그것은 인생이 죽음과 함께 끝나는 것이 아님을 보여주기 위해서입니다. 우리 인간이 동물들과는 달리 장례를 치르고 추모예배를 드리는 것도 사후세계를 믿기 때문입니다.

셋째, 믿음을 지킨 자만이 하나님 앞에 설 수 있다는 것입니다.

우리 인생은 모두 하나님으로부터 왔지만 세상을 떠날 때 모두가 다 하나님께 돌아가는 것은 아닙니다. 연어는 강에서 태어나 바다로 갔다가 산란기가 되면 강으로 회귀하는데 우리나라의 경우 회귀율이 1%도 되지 않는다고 합니다. 우리 인생들의 회귀율도 연어처럼 완벽하지 않습니다.

그러면 누가 하나님께 돌아가겠습니까? 바로 믿음을 지킨 사람입니다. 믿음 없는 사람의 갈 곳은 하나님의 품이 아니라 영원히 불타는 지옥입니다. 고인(이름)은 비록 이 땅에서는 짧은 삶을 살았지만 믿음을 지키며 살았기에 하나님 품으로 온전히 돌아간 줄로 믿습니다.

끝으로 말씀드릴 것은 고인(이름)의 죽음은 영원한 이별이 아닙니다. 고인(이름)은 나름대로 이 세상에서의 여정을 마치고 우리보다 먼저 하나님께로 돌아간 것입니다.

우리도 고인(이름)처럼 믿음을 지키며 살아가면 하나님 나라에서 고인(이름)을 만나게 될 것입니다. 오늘 이 자리에 모인 가족들은 이 같은 소망을 가지고 세상에서 주어진 삶을 믿음으로 열심히 살아갈 수 있기를 바랍니다.

■■■ 기　　도 : 설교자

　위로하시는 주님, 고인(이름)이 비록 이 땅에서 짧은 삶을 살다 갔지만 원래 있던 곳으로 다시 돌아갔음을 믿습니다. 지금 그곳에서 주님의 위로를 받으며 참된 안식을 얻고 있는 줄 믿습니다. 여기에 있는 저희들도 하나님 품으로 돌아가서 고인(이름)을 다시 만날 때까지 믿음을 굳게 붙들고 살 수 있게 하옵소서. 예수 그리스도의 이름으로 기도합니다. 아멘

■■■ 찬　　송 : 491장〈통:543장〉/ 다함께
■■■ 추모묵도 : 고인을 추모하는 묵도
■■■ 주기도문 : 다함께

• 메모

형제(자녀) 추모예배(5)

이제는 음식을 먹을 때

■■■ **개식사**

오늘 고 ○○○(호칭)의 기일을 맞이하여 지금부터 하나님 앞에 추모예배를 드리도록 하겠습니다. 다함께 묵상기도를 드리겠습니다.

> • **송영**(인도자가 천천히 낭독한다)
>
> "내가 모태에서부터 주를 의지하였으며 나의 어머니의 배에서부터 주께서 나를 택하셨사오니 나는 항상 주를 찬송하리이다"(시 71:6)

■■■ **신앙고백** : 다함께
■■■ **찬　송** : 369장〈통:487장〉/ 다함께
■■■ **대표기도** : 맡은 이 또는 가족 중 한 사람
■■■ **성경봉독** : 사무엘하 12장 15b~23절

"우리아의 아내가 다윗에게 낳은 아이를 여호와께서 치시매 심히 앓는지라 다윗이 그 아이를 위하여 하나님께 간구하되 다윗이 금식하고 안에 들어가서 밤새도록 땅에 엎드렸으니 그 집의 늙은 자들이 그 곁에 서서 다윗을 땅에서 일으

키려 하되 왕이 듣지 아니하고 그들과 더불어 먹지도 아니하더라 이레 만에 그 아이가 죽으니라〈후략〉"

■■ 설　교 : 이제는 음식을 먹을 때

사랑하는 자식을 먼저 하늘나라로 보낸 부모의 마음을 누가 위로할 수 있겠으며, 헤아릴 수 있겠습니까? 오직 주님밖에는 안 계실 것입니다.

다윗에게는 아들이 하나 있었는데 다윗의 죄로 인하여 하나님께서 그 아이를 치셨습니다. 그래서 아이가 심히 아프게 됩니다. 누가 보더라도 다시 일어나지 못할 상황이라는 것을 알 수 있을 정도였습니다. 그런데 다윗은 이 아이를 위하여 하나님께 금식하며 밤새도록 기도를 합니다. 다윗의 건강을 염려한 가솔들이 만류했지만 다윗은 아들을 위하여 하나님께 금식하며 기도하기를 멈추지 않았습니다. 무릎 꿇고 엎드린 채로 7일을 보냈습니다.

그러나 그런 노력에도 불구하고 아이는 끝내 일어나지 못하고 하나님 나라로 가고 말았습니다. 그러자 다윗이 돌연 행동을 180도 바꿉니다. 일어나 몸을 씻고 기름을 바르고 의복을 갈아입고 여호와의 전에 들어가 경배하고는 궁으로 돌아와 음식을 차리게 하여 먹습니다.

그러니 신하들이 이상하게 생각합니다. 보통은 사람이 죽고 나면 더 슬퍼하는 것이 인지상정입니다. 사실 신하들은 7일 동안 슬퍼하며 기도하는 다윗을 보면서, 살았을 때도 저렇게 애절한데 어떻게 죽었다고 알릴까 고민하고 있었습니다. 7일 동안 식음을 전폐하고 간절히 기도만 하던 다윗에게 아이가 죽었다는 것을 알리면 그 충격이 커서 어떻게 될지 몰라서였습니다. 그런데 의외로 오히려 단장하고 음식을 먹는 다윗을 보게 되었던 것입니다.

여기서 깨닫게 되는 것이 무엇일까요?

첫째, 살았을 때 최선을 다하는 것입니다.

죽은 다음에는 소용이 없습니다. 성도(직분)님도 그동안 얼마나 최선을 다했습니까? 그렇게 노력한 것을 고인(이름)도 알고 있고 하나님도 다 아실 것입니다. 그러므로 너무 괴로워하지 마시기 바랍니다. 죄책감을 갖지 마시기 바랍니다. 자신에 대해서 너그러움을 가져야만 하겠습니다.

둘째, 이제는 일어나 단장을 하고 음식을 먹을 때입니다.

이제 하나님께서 고인(이름)을 당신의 나라로 데려가셨습니다. 생명을 주관하시는 분은 하나님이시기 때문에 우리는 그분의 주권에 순복할 수밖에 없습니다.

아직은 하나님의 뜻을 헤아리기가 어려워 원망이 앞설 수 있지만 주님의 섭리하심이 무엇인지 차츰 깨닫는 은혜를 더하여 주실 것입니다. 자식을 먼저 보낸 부모인지라 슬픈 마음을 억지로 사라지게 할 수는 없지요. 그러나 고인(이름)을 사랑했던 그리운 마음을 가슴에 간직하고, 훗날 고인(이름)을 다시 만날 것을 소망하며 무너진 마음을 다시 일으켜 세워야만 합니다.

그것을 고인(이름)도 간절히 바라고 있을 것입니다. 아무쪼록 이제는 일어나 힘을 내서 새로운 삶을 사시기 바랍니다. 하나님은 그렇게 하려는 자에게 분명히 놀라운 위안과 힘을 더하여 주실 것입니다.

▪▪ 기   도 : 설교자

위로하시는 주님, 고인(이름)을 먼저 보낸 아픔 때문에 아직도 힘들어 하는 성도(직분)님의 마음을 긍휼히 여기시옵소서. 그 슬픈 마음을 위로하여 주시고, 주님의 섭리를 깨달아 알 수 있도록 은총을 더하여 주옵소서. 생명의 주관자 되시는 주님을 인정하며 경배하며 나아가기를 원합니다. 도와주시옵소서. 예수 그리스도의 이름으로 기도합니다. 아멘

▪▪ 찬   송 : 425장〈통:217장〉/ 다함께
▪▪ 추모묵도 : 고인을 추모하는 묵도
▪▪ 주기도문 : 다함께

• 메모

형제(자녀) 추모예배(6)

더 나은 본향으로

■■■ **개식사**

오늘 고 ○○○(호칭)의 기일을 맞이하여 지금부터 하나님 앞에 추모예배를 드리도록 하겠습니다. 다함께 묵상기도를 드리겠습니다.

> • **송영**(인도자가 천천히 낭독한다)
>
> "이르되 내가 모태에서 알몸으로 나왔사온즉 또한 알몸이 그리로 돌아가올지라 주신 이도 여호와시요 거두신 이도 여호와시오니 여호와의 이름이 찬송을 받으실지니이다"(욥 1:21)

■■■ **신앙고백** : 다함께
■■■ **찬　　송** : 435장〈통:492장〉/ 다함께
■■■ **대표기도** : 맡은 이 또는 가족 중 한 사람
■■■ **성경봉독** : 히브리서 11장 13~16절

"이 사람들은 다 믿음을 따라 죽었으며 약속을 받지 못하였으되 그것들을 멀리서 보고 환영하며 또 땅에서는 외국인과 나그네임을 증언하였으니 그들이 이같이 말하는 것은 자기들이 본향을 찾는 자임을 나타냄이라〈후략〉"

▪▪ 설   교 : 더 나은 본향으로

우리 인생은 흔히 여행에 비유되고 있습니다. 인생이 여행이라는 말은 성경의 가치관과도 일치합니다. 성경은 여러 곳에서 인생을 나그네로 표현하고 있습니다. 여행에는 반드시 최종 목적지, 즉 종착지가 있습니다. 여행은 종착지에 도착함과 동시에 끝이 나게 됩니다.

오늘 고인(이름)의 기일을 맞이하여 우리는 추모예배를 드리지만, 고인은 이미 종착지에 가 있습니다. 그곳이 어디입니까? 하늘에 있는 본향입니다.

첫째, 세상에 있는 본향보다 더 나은 곳입니다.

오늘 말씀에 '더 나은 본향'이라고 증거하고 있듯이 하늘에 있는 본향은 세상에 있는 본향보다 훨씬 나은 곳으로서 천국을 가리킵니다. 하늘 본향인 천국은 이 세상과는 달리 나쁜 것이 없고 좋은 것만 가득한 곳입니다.

요한계시록 21장 4절에 의하면 그곳은 사망이 없고 애통하는 것이나 곡하는 것이나 아픈 것이 다시 있지 않다고 했습니다. 고인(이름)은 지금 그곳에서 영생복락을 누리며 편히 안식하고 있을 것입니다.

둘째, 하나님이 예비하신 집이 있는 곳입니다.

우리가 명절에 고향을 찾아가면 반겨주는 부모님과 친지들이 있습니다. 만일 고향에 자신을 반겨주는 사람이 없다면 아무도 고향을 찾지 않을 것입니다.

하늘에 있는 본향에서는 우리 아버지가 되시는 하나님

께서 극진한 사랑으로 반겨주십니다. 이뿐 아니라 우리 성도가 거할 좋은 거처를 제공해 주십니다. 오늘 말씀에 '한 성을 예비하셨다'고 증거하고 있는데 최고의 저택을 일컫는 말입니다.

고인(이름)은 지금 그곳에서 하나님의 극진한 대우를 받으며 영생복락을 누리고 있는 줄 믿습니다.

셋째, 우리도 언젠가는 찾아갈 곳입니다.

고인(이름)은 인생의 여정을 먼저 마치고 더 나은 본향에 가셨지만 아직 세상에 남아 있는 우리는 여전히 인생길을 여행 중에 있습니다.

우리는 이 여행이 언제 끝날지 알 수 없지만 한 가지 분명한 사실은 우리 역시 인생의 여행을 마칠 날이 반드시 온다는 것입니다. 사람마다 그 시기만 다를 뿐입니다. 그날이 오면 우리는 먼저 여행을 마치신 고인(이름)을 하늘에서 다시 만나게 될 것입니다.

그러므로 세상에 남아 있는 우리는 인생의 여행을 모두 마쳤을 때 하늘에 있는 저 본향으로 다 들어갈 수 있도록, 그리고 그곳에서 우리보다 먼저 본향을 찾아가신 고인(이름)을 다시 만날 수 있도록 세상에서 믿음을 지키고 신앙생활을 열심히 해야만 할 것입니다.

오늘 고인(이름)을 위한 추모예배를 드리면서 먼저 보낸 아픔 때문에 너무 슬퍼하지 마시기 바랍니다. 하늘 본향에서 다시 만날 것을 소망하며 믿음이 식지 않는 삶을 살아야 할 것입니다.

    하나님의 위로와 평안이 이 자리에서 추모예배를 드리는 모든 가족들 위에 충만하게 임하기를 간절히 소원합니다.

■■ **기　　도** : 설교자

    위로하시는 주님, 오늘 더 나은 본향으로 간 고인(이름)을 생각하며 이 땅에 남은 자들이 하나님께 예배를 드렸습니다. 지금 고인은 더 나은 본향에서 주님의 극진한 사랑을 받으며 안식과 위로를 누리고 있는 줄 믿습니다. 여기에 있는 저희들도 본향으로 돌아가서 고인(이름)을 다시 만날 때까지 믿음을 굳게 붙들고 살 수 있게 하옵소서. 예수 그리스도의 이름으로 기도합니다. 아멘

■■ **찬　　송** : 246장〈통:221장〉/ 다함께
■■ **추모묵도** : 고인을 추모하는 묵도
■■ **주기도문** : 다함께

• 메모

형제(자녀) 추모예배(7)

생명수의 강으로

■■■ **개식사**

오늘 고 ○○○(호칭)의 기일을 맞이하여 지금부터 하나님 앞에 추모예배를 드리도록 하겠습니다. 다함께 묵상기도를 드리겠습니다.

> • **송영**(인도자가 천천히 낭독한다)
>
> "모든 눈물을 그 눈에서 닦아 주시니 다시는 사망이 없고 애통하는 것이나 곡하는 것이나 아픈 것이 다시 있지 아니하리니 처음 것들이 다 지나갔음이러라" (계 21:4)

■■■ **신앙고백** : 다함께
■■■ **찬   송** : 246장〈통:221장〉/ 다함께
■■■ **대표기도** : 맡은 이 또는 가족 중 한 사람
■■■ **성경봉독** : 요한계시록 22장 1~2절

"또 그가 수정 같이 맑은 생명수의 강을 내게 보이니 하나님과 및 어린 양의 보좌로부터 나와서 길 가운데로 흐르더라 강 좌우에 생명나무가 있어 열두 가지 열매를 맺되 달마다 그 열매를 맺고 그 나무 잎사귀들은 만국을 치료하기 위

하여 있더라"

■■ 설   교 : 생명수의 강으로

사람은 다른 동물과는 달리 영혼이 있기 때문에 육체의 죽음으로 모든 것이 끝나는 것이 아니며 사후에는 내세에 들어가게 됩니다.

성경은 여러 곳에서 사후 세계에 대해 증거하고 있는데 본문 말씀은 믿는 자가 들어가는 천국의 모습에 대해 묘사하고 있습니다. 1절에 "그가 수정 같이 맑은 생명수의 강을 내게 보이니"라는 말씀이 있는데 이를 보면 천국은 생명수의 강이 흐르는 곳임을 알 수 있습니다.

고인(이름)은 현세에서 하나님을 잘 믿다가 우리들 곁을 떠났기 때문에 그의 영혼은 지금 생명수의 강이 흐르는 천국에 있다고 확신합니다. 그러면 생명수의 강이 흐르는 천국은 어떤 곳입니까?

첫째, 영원한 삶이 있는 곳입니다.

사람들이 세상에서 겪게 되는 가장 큰 슬픔과 두려움은 아마도 죽음일 것입니다. 사랑하는 사람의 죽음은 무엇에도 비할 수 없는 큰 슬픔이며, 또한 세상에서는 죽음에 대한 두려움보다 더 큰 두려움은 흔치 않습니다.

사람들이 자신은 물론이요 사랑하는 사람들이 오래 살기를 바라는 것도 따지고 보면 죽음이 주는 슬픔과 두려움이 그만큼 크기 때문일 것입니다. 그런데 믿는 자가 들어가는 천국은 이 같은 슬픔과 두려움을 주는 죽음이 없는 곳입니다. 생명수는 생명을 주는 물을 뜻합니다. 이 물이 사람들이 접근하기 어려운 험산준령이 아니라 큰 길 가운데로 강처럼 흐른다는 것은 천국에 들어간 사람은 누구나 영원한 삶을 누리게 된다는 것을 드러내고 있습니다. 고인(이름)은 이런 천국에 있는 것입니다.

둘째, 영원한 복락이 있는 곳입니다.

삶은 소중하고 고귀한 것이지만 그 삶이 어떤 삶이냐에 따라 가치가 달라집니다. 즉 평안하고 행복한 삶과 고통스럽고 불행한 삶은 그 가치가 같을 수 없습니다. 우리가 내세에서 영원히 산다 할지라도 그 삶이 지옥처럼 고통스러운 것이라면 무슨 유익이 있겠습니까? 그러한 삶을 사느니 차라리 죽는 것이 더 낫지 않겠습니까?

우리 믿는 자가 들어가는 천국은 고통이 없고 대신 영원한 복락이 있는 곳입니다. 풍요로울 뿐만 아니라 삶을 고통스럽게 하는 질병도 없음을 오늘 말씀이 증거하고 있습니다. 또 본문 3절, 5절에 의하면 천국은 저주와 밤이 없다고 하는데 이는 천국이 얼마나 살기 좋은 곳인지 드러내고 있습니다. 그리고 천국에 들어간 사람은 세세토록 왕 노릇 한나고 하는데 이는 천국의 삶이 매우 존귀하고 영화롭다는 것을 보여주는 것입니다. 고인(이름)은 지금 이와 같은 영생 복락이 있는 천국에 계신 것입니다.

오늘, 우리 역시 세상에서 믿음으로 살다가 육신의 장막을 벗게 되면 고인(이름)이 먼저 가신 천국에 들어가서 고인과 다시 만나게 될 것입니다. 아무쪼록 이 자리에 있는 모든 가족들은 지금 천국에서 행복하게 살고 있을 고인을 생각하며 위로와 평안을 얻을 수 있기를 주님의 이름으로 간절히 소원합니다.

■ **기　　도** : 설교자

　은혜로우신 하나님, 고인(이름)이 생명수의 강이 흐르는 천국에 있다는 것을 생각하며 위로를 얻습니다. 고인(이름)이 고통이 없고 슬픔이 없는 천국에서 세세토록 왕 노릇 하며 영원한 복락을 누린다고 생각하니 저희들도 새 힘을 얻고 소망을 굳게 합니다. 이 땅을 떠나서 고인(이름)을 다시 만날 때까지 믿음을 굳게 붙들고 살 수 있게 하옵소서. 예수 그리스도의 이름으로 기도합니다. 아멘

■ **찬　　송** : 235장〈통:222장〉/ 다함께
■ **추모묵도** : 고인을 추모하는 묵도
■ **주기도문** : 다함께

• 메모

여호와께서 우리를 생각하사 복을 주시되
이스라엘 집에도 복을 주시고 아론의 집에도 복을 주시며
높은 사람이나 낮은 사람을 막론하고
여호와를 경외하는 자들에게 복을 주시리로다
(시 115:12~13)

4부

 성묘(납골) 추모예배

Sermon_

후손이 복을 받으려면

천국에 없는 것

의인의 자손이 누리는 복

우리도 레갑 족속의 사람들처럼

막벨라 굴의 교훈

요단강을 무사히 건너려면

죽은 자의 소원〈불신부모〉

성묘추모예배(1)

후손이 복을 받으려면

■■■ **개식사**

오늘 고 ○○○(호칭)님을 추모하며 하나님 앞에 예배를 드리겠습니다.

다함께 묵도함으로 예배를 시작합니다.

> • **송영**(인도자가 천천히 낭독한다)
>
> "하나님은 우리의 피난처시요 힘이시니 환난 중에 만날 큰 도움이시라 그러므로 땅이 변하든지 산이 흔들려 바다 가운데에 빠지든지 바닷물이 솟아나고 뛰놀든지 그것이 넘침으로 산이 흔들릴지라도 우리는 두려워하지 아니하리로다(셀라)" (시 46:1~3)

■■■ **신앙고백** : 다함께
■■■ **찬　　송** : 220장〈통:278장〉/ 다함께
■■■ **대표기도** : 맡은 이 또는 가족 중 한 사람
■■■ **성경봉독** : 시편 112편 1~4절

"할렐루야, 여호와를 경외하며 그의 계명을 크게 즐거워하는 자는 복이 있도다 그의 후손이 땅에서 강성함이여 정직한 자들의 후손에게 복이 있으리로다 부와 재물이 그의 집

에 있음이여 그의 공의가 영구히 서 있으리로다 정직한 자들에게는 흑암 중에 빛이 일어나나니 그는 자비롭고 긍휼이 많으며 의로운 이로다"

설 교 : 후손이 복을 받으려면

우리나라에는 조상의 묘 자리를 명당에 잡으면 후손이 복을 받고 부귀영화를 누린다는 풍수사상을 믿는 사람이 많습니다. 또 그들은 조상 제사를 잘 지내야 조상의 음덕으로 후손이 복을 받는다고 생각합니다. 그러면 과연 후손이 복을 받는 비결이 조상을 명당에 장사하고 조상 제사를 잘 지내는 것이라고 할 수 있겠습니까? 결코 그렇지 않습니다. 성경은 죽은 자는 천국이나 지옥으로 가기 때문에 세상에서 아무 힘도 쓸 수 없다고 증거하고 있습니다.

그렇다면 후손이 복을 받으려면 어떻게 해야 하겠습니까? 많은 것이 있겠지만 오늘 말씀에 근거하여 두 가지만 생각해 보겠습니다.

첫째, 하나님을 경외하고 그 계명을 지키는 것입니다.

본문 1절에 시편 기자는 "여호와를 경외하며 그의 계명을 크게 즐거워하는 자는 복이 있도다"라고 말씀합니다. 이것은 하나님을 잘 믿고 잘 섬기며 하나님의 말씀대로 사는 자가 복이 있다는 말씀입니다. 하나님은 당신의 말씀대로 사는 자에게 천 대까지 은혜를 베푸는 것을 약속하셨습니다(출20:6). 그러므로 후손이 복을 받는 비결은 하나님을 믿고 사랑하며 그분의 말씀대로 사는 것입니다. 우리도 후손이 잘되고 복을 받기를 원한다면 하나님을 경외하고 그분의 말씀대로 살기를 힘써야만 합니다.

둘째, 하나님 앞에서 정직하게 살아야만 합니다.

본문 2절에 시편 기자는 "그의 후손이 땅에서 강성함이여 정직한 자들의 후손에게 복이 있으리로다"라고 말씀합니다. 이어서 3절에서는 "부와 재물이 그의 집에 있음이여 그의 공의가 영구히 서 있으리로다"라고 말씀합니다. 즉 정직한 자의 후손은 세상에서 복을 받고 부귀영화를 누린다는 말씀입니다.

여기서 정직이란 도덕적으로 완전히 무흠한 것을 의미하지는 않습니다. 성경에서 말하는 정직은 의(義)라는 말과 일맥상통합니다. 그래서 정직한 자는 바로 의인을 가리킵니다. 의인이란 도덕적으로 완전무결한 자가 아니라 하나님을 믿음으로 말미암아 하나님의 은혜로 의롭게 된 사람을 가리킵니다. 그러므로 정직하게 산다는 것은 신앙적으로 온전한 삶을 사는 것이라고 할 수 있습니다.

우리의 후손이 복을 받으려면 하나님 앞에서 정직하게 살아야 합니다. 즉 신앙적으로 의롭게 살면 후손이 하나님께 복을 받고 잘 살 수 있습니다.

이 자리에 있는 우리 모든 가족들이 후손이 잘되고 복 받기를 원하고 있을 것입니다. 그렇다면 오늘 주신 말씀처럼 하나님을 경외하고 하나님의 말씀대로 살아가며, 하나님 앞에서 정직하게 살기를 힘써야만 할 것입니다. 후손이 하나님께 큰 복을 받을 수 있는 삶을 사는 저와 여러분이 될 수 있기를 바랍니다.

기   도 : 설교자

은혜로우신 하나님, 오늘 고인이 잠들어 계신 묘소 앞에서 하나님께 추모예배를 드렸습니다. 고인이 하나님을 경외하여 말씀대로 사셨기에 저희들이 하나님의 복을 받아 누리는 줄 믿습니다. 저희들도 고인의 신앙을 이어받아 신앙적으로 온전한 삶을 살아감으로 자녀들이 하나님께 복을 받을 수 있게 하옵소서. 예수 그리스도의 이름으로 기도합니다. 아멘

찬   송 : 384장〈통:434장〉/ 다함께
추모묵도 : 고인을 추모하는 묵도
주기도문 : 다함께

• 메모

성묘추모예배(2)

천국에 없는 것

■■■ 개식사

오늘 고 ○○○(호칭)님을 추모하며 하나님 앞에 예배를 드리겠습니다.

다함께 묵도함으로 예배를 시작합니다.

> • 송영(인도자가 천천히 낭독한다)
>
> "여호와께서 우리를 생각하사 복을 주시되 이스라엘 집에도 복을 주시고 아론의 집에도 복을 주시며 높은 사람이나 낮은 사람을 막론하고 여호와를 경외하는 자들에게 복을 주시리로다"(시 115:12~13)

■■■ 신앙고백 : 다함께
■■■ 찬 송 : 249장〈통:249장〉/ 다함께
■■■ 대표기도 : 맡은 이 또는 가족 중 한 사람
■■■ 성경봉독 : 요한계시록 21장 22~27절

"성 안에서 내가 성전을 보지 못하였으니 이는 주 하나님 곧 전능하신 이와 및 어린 양이 그 성전이심이라 그 성은 해나 달의 비침이 쓸 데 없으니 이는 하나님의 영광이 비치고 어린 양이 그 등불이 되심이라 만국이 그 빛 가운데로 다니

고 땅의 왕들이 자기 영광을 가지고 그리로 들어가리라〈후략〉"

■ 설   교 : 천국에 없는 것

오늘 말씀은 세상의 종말과 최후의 심판 후에 도래할 새 예루살렘 성의 모습을 묘사한 것입니다. 요한계시록에 기록된 새 예루살렘 성의 모습은 믿는 자가 사후에 들어가게 될 천국을 미리 보여주는 것이기도 합니다. 그러므로 본문 말씀은 고인께서 이 세상을 떠나 들어가신 천국이 어떤 곳인지 알려주고 있습니다.

우리나라의 제주도는 예로부터 대문, 거지, 도둑이 없다고 해서 "삼무(三無)의 섬"이라고 불려왔습니다. 본문 말씀에 의하면 새 예루살렘 성에도 없는 것 세 가지가 있습니다.

첫째, 성전이 없습니다.

본문 22절에 "내가 성전을 보지 못하였으니"라는 말씀이 이를 뒷받침하고 있습니다. 즉 천국에는 성전이 없다는 것입니다. 성전은 어떤 곳입니까? 쉽게 말해서 구약의 성전은 하나님께 제사하는 곳이었습니다. 그리고 하나님이 그곳에 임재하셨고 그곳에서 당신의 백성들과 교제를 나누셨습니다. 신약의 교회도 역시 동일한 개념을 갖고 있습니다. 그런데 본문 말씀은 새 예루살렘 성에는 성전이 없다고 증거하고 있습니다. 그 이유는 하나님과 어린양 예수님이 성전이 되시기 때문입니다. 귀로만 듣던 하나님과 예수님을 직접 눈으로 대하며 교제할 수 있는 곳이 천국입니다.

둘째, 해와 달이 없습니다.

본문 말씀 22절이 이를 증거하고 있습니다. 그러면 천국에는 왜 해와 달이 없는 것일까요? 하나님의 영광이 곳곳에 비치고 예수님이 등불이 되시기 때문입니다. 그러므로 천국에 해와 달이 필요 없다는 것은 그곳에서는 생명의 창조주요 구원자이신 하나님과 예수님으로 말미암아 풍성한 생명을 누릴 수 있음을 강조하는 것입니다.

셋째, 밤이 없습니다.

본문 25절의 말씀이 이를 증거하고 있습니다. 천국에는 밤이 없기 때문에 성문을 닫을 필요가 없다는 것입니다. 밤이라는 것은 단순히 낮의 반대 개념으로 빛이 없는 상태만을 의미하지 않습니다.

성경에서의 밤이란 어둠의 권세가 지배하는 세계, 악과 불의가 행해지는 시간, 죽음, 하나님으로부터 분리 등을 상징하고 있습니다. 그러므로 밤이 없다는 것은 이 같은 것들이 없다는 것과 상통합니다. 천국은 하나님이 다스리시는 곳이기 때문에 악한 사탄이 감히 범접하지 못합니다. 불의한 자가 들어갈 수도 없습니다.

그리고 무엇보다 천국은 죽음이 없는 곳입니다. 생자필멸(生者必滅)이라고 이 세상에는 생명이 있는 것은 언젠가는 반드시 죽게 되어 있습니다. 그러나 천국은 영원한 삶이 있는 곳입니다. 예수님을 믿고 천국에 들어간 사람은 영생을 누리게 됩니다. 사랑하는 이의 죽음으로 인한 슬픔과 고통을 더 이상 맛보지 않습니다. 고인은 지금 그곳에 계십니다. 이 자리에 모인 우리들도 고인의 믿음의 발자취를 따라서 고인이 먼저 가신 천국을 소망하며 세상에서 주어진 삶을 열심히 살 수 있기를 바랍니다.

기   도 : 설교자

은혜로우신 하나님, 오늘 고인이 잠들어 계신 묘소 앞에서 하나님께 추모예배를 드렸습니다. 고인은 지금 천국에서 영생을 맛보며 주님과 친밀한 교제를 나누고 계신 줄 믿습니다. 저희들도 고인의 믿음의 발자취를 따라서 천국을 소망하며 세상에서 주어진 삶을 열심히 살아갈 수 있게 하옵소서. 예수 그리스도의 이름으로 기도합니다. 아멘

찬   송 : 85장〈통:85장〉/ 다함께
추모묵도 : 고인을 추모하는 묵도
주기도문 : 다함께

• 메모

성묘추모예배(3)

의인의 자손이 누리는 복

■■■ **개식사**

오늘 고 ○○○(호칭)님을 추모하며 하나님 앞에 예배를 드리겠습니다.

다함께 묵도함으로 예배를 시작합니다.

> • **송영**(인도자가 천천히 낭독한다)
> "주의 교훈으로 나를 인도하시고 후에는 영광으로 나를 영접하시리니 하늘에서는 주 외에 누가 내게 있으리요 땅에서는 주 밖에 내가 사모할 이 없나이다"
> (시 73:24~25)

■■■ **신앙고백** : 다함께
■■■ **찬　송** : 338장〈통:364장〉/ 다함께
■■■ **대표기도** : 맡은 이 또는 가족 중 한 사람
■■■ **성경봉독** : 시편 37편 23~29절

"여호와께서 사람의 걸음을 정하시고 그의 길을 기뻐하시나니 그는 넘어지나 아주 엎드러지지 아니함은 여호와께서 그의 손으로 붙드심이로다 내가 어려서부터 늙기까지 의인이 버림을 당하거나 그의 자손이 걸식함을 보지 못하였도다

그는 종일토록 은혜를 베풀고 꾸어 주니 그의 자손이 복을 받는도다〈후략〉"

▪설   교 : 의인의 자손이 누리는 복

의인을 조상으로 둔 가정은 복된 가정이라고 하지 않을 수 없습니다. 왜냐하면 의인의 자손에게는 하나님의 큰 복이 임하기 때문입니다. 그러면 성경에서 말하는 의인은 누구입니까? 한마디로 말하면 예수님을 믿음으로 말미암아 의롭게 된 사람을 가리킵니다.

고인께서는 세상에서 예수님을 믿으며 살아가셨기 때문에 의인의 반열에 오르셨습니다. 그러므로 이 자리에서 함께 예배를 드리는 고인의 자손들은 모두 의인의 자손이라고 할 수 있습니다. 오늘 본문 말씀은 의인의 자손에게는 하나님의 은혜와 축복이 임함을 증거하고 있습니다.

첫째, 고난과 역경을 이기는 삶을 살아갑니다.

의인이라고 해서 세상에서 아무런 고통도 당하지 않고 편하게 사는 것은 아닙니다. 세상에서는 오히려 의인이 악인보다 고난이나 역경을 당하는 경우가 더 많습니다. 그러나 의인은 비록 고난과 역경을 당해도 엎드러지지 않고 다시 일어서게 됩니다. 그 이유는 하나님이 의인을 붙들어 주시기 때문입니다(24). "그의 자손이 걸식함을 보지 못하였도다"(25)라는 시편 기자의 고백은 하나님께서 의인의 자손을 얼마나 지켜 주시고 보호해 주시는지 밝히 보여주고 있는 말씀입니다. 하나님은 의인의 자손을 영영히 지키시고 보호해 주시는 분이십니다.

둘째, 하나님의 상속자가 됩니다.

본문 말씀 29절에 "의인이 땅을 차지함이여 거기서 영원히 살리로다"라고 했습니다. 여기서 땅을 차지한다는 것은 물질적인 축복만을 의미하는 것은 아닙니다. 땅에는 '상속'의 개념이 담겨 있습니다. 그러므로 의인이 땅을 차지한다는 것은 하나님께서 의인을 상속자로 삼으신다는 의미입니다. 하나님이 의인에게 주신 상속물은 그 자손에게도 상속되기 때문에 의인의 자손도 똑같이 하나님의 상속자가 됩니다. 그러므로 의인의 자손이 된다는 것은 얼마나 큰 축복인지 모릅니다.

셋째, 구원을 얻게 됩니다.

잠언 11장 21절을 보면 "악인은 피차 손을 잡을지라도 벌을 면하지 못할 것이나 의인의 자손은 구원을 얻으리라"는 말씀이 있습니다. 하나님께서 인간에게 주신 선물 가운데 가장 값지고 귀한 것이 무엇이겠습니까? 그것은 구원입니다. 그런데 이 구원은 아무나 받을 수 있는 것이 아닙니다. 구원은 어느 나라 누구의 집에 태어나느냐가 절대적인 영향을 미칩니다. 노아의 홍수시대를 생각해 보세요. 많은 사람들이 홍수로 멸망을 당했어도 노아의 자손들은 생명을 보존했습니다. 노아의 자손들은 의인을 조상으로 둔 덕에 멸망을 당하지 않았던 것입니다.

이 자리에 모인 가족 여러분, 우리 가족은 의인을 조상으로 두었기 때문에 무척이나 복된 가정입니다. 그러므로 의인을 조상으로 둔 것에 하나님께 진심으로 감사하며 고인의 신앙을 본받아 하나님을 열심히 믿고 섬기며 살아가는 복 있는 삶이 되시기를 바랍니다.

■■ 기　　도 : 설교자

은혜로우신 하나님, 오늘 고인이 잠들어 계신 묘소 앞에서 하나님께 추모예배를 드렸습니다. 의인을 조상을 둔 것을 하나님께 진심으로 감사와 영광을 돌립니다. 저희 가족 모두가 의인의 자녀로서 하나님을 열심히 믿고 섬기는 삶을 살아갈 수 있게 하옵소서. 그리하여 의인의 후손들이 받는 복을 받아 누릴 수 있게 하옵소서. 예수 그리스도의 이름으로 기도합니다. 아멘

■■ **찬　　송** : 380장<통:424장>/ 다함께
■■ **추모묵도** : 고인을 추모하는 묵도
■■ **주기도문** : 다함께

• 메모

성묘추모예배(4)

우리도 레갑 족속의 사람들처럼

■■■ **개식사**

오늘 고 ○○○(호칭)님을 추모하며 하나님 앞에 예배를 드리겠습니다.

다함께 묵도함으로 예배를 시작합니다.

> • **송영**(인도자가 천천히 낭독한다)
>
> "여호와를 의지하는 자는 시온 산이 흔들리지 아니하고 영원히 있음 같도다 산들이 예루살렘을 두름과 같이 여호와께서 그의 백성을 지금부터 영원까지 두르시리로다"(시 125:1~2)

■■■ **신앙고백** : 다함께
■■■ **찬 송** : 301장〈통:460장〉/ 다함께
■■■ **대표기도** : 맡은 이 또는 가족 중 한 사람
■■■ **성경봉독** : 예레미야 35장 1~9절

"유다의 요시야 왕의 아들 여호야김 때에 여호와께로부터 말씀이 예레미야에게 임하여 이르시되 너는 레갑 사람들의 집에 가서 그들에게 말하고 그들을 여호와의 집 한 방으로 데려다가 포도주를 마시게 하라 하시니라 이에 내가 하바시

냐의 손자요 예레미야의 아들인 야아사냐와 그의 형제와 그의 모든 아들과 모든 레갑 사람들을 데리고 여호와의 집에 이르러 익다랴의 아들 하나님의 사람 하난의 아들들의 방에 들였는데 그 방은 고관들의 방 곁이요 문을 지키는 살룸의 아들 마아세야의 방 위더라〈후략〉"

설 교 : 우리도 레갑 족속의 사람들처럼

오늘 본문의 말씀에는 레갑 족속의 사람들의 이야기가 나옵니다. 레갑 족속은 모세의 장인이 속한 겐 족속의 일파로 출애굽한 이스라엘 사람들과 함께 가나안 땅에 들어간 족속입니다. 레갑 족속의 선조라고 할 수 있는 요나답은 자손들에게 몇 가지 규율을 남겼는데 그것은 포도주를 마시지 말고, 포도원을 소유하지 말고, 파종도 하지 말고, 집도 짓지 말고 평생 동안 장막에서 살라는 것입니다. 레갑 족속의 이 같은 규율은 세상적인 즐거움을 포기하는 것이기 때문에 대단히 지키기 어려운 것이 아닐 수 없습니다. 그런데 놀랍게도 레갑 족속의 사람들은 가나안 땅에 들어온 후 유다 왕국이 멸망할 때까지 무려 수백 년 동안 이 규율을 지켰습니다. 오늘 추모예배를 드리면서 선조의 명령에 순종한 레갑 족속의 사람들이 우리에게 주시는 교훈이 무엇인지 발견하고자 합니다.

첫째, 조상의 선한 뜻을 따르면 복을 받습니다.

앞에서 언급했듯이 레갑 족속에게 내려진 선조의 규율

은 세상적인 즐거움을 포기하는 것이기 때문에 대단히 지키기 어려운 것임에도 불구하고 유다 왕국이 멸망하기까지 수백 년 동안 자손 대대로 지켰다는 것입니다. 하나님께서는 이 같은 레갑 족속의 행위를 칭찬하셨습니다. 뿐만 아니라 큰 복을 약속하셨습니다. "레갑의 아들 요나답에게서 내 앞에 설 사람이 영원히 끊어지지 아니하리라"고 한 19절의 말씀이 그것입니다.

이 말씀은 하나님께서 레갑 족속의 자손들에게 복을 주시고 그들을 당신의 백성으로 삼아 주신다는 의미입니다. 레갑 족속의 자손들이 이 같은 복을 받은 것은 조상의 선한 뜻을 잘 받아들였기 때문입니다. 그러므로 우리도 조상의 선한 뜻을 잘 따르는 자가 되어야만 하나님의 복을 받을 수 있습니다.

둘째, 하나님의 명령은 더욱 순종해야 합니다.

본문에 레갑 족속이 등장하는 것은 유다 백성들과 비교하기 위해서입니다. 레갑 족의 사람들은 선조 요나답의 명령이 쉬운 것이 아님에도 열심히 지켰지만 유다 백성들은 하나님의 명령을 잘 따르지 않고 오히려 거역하는 삶을 살았습니다. 하나님의 명령은 레갑 족속의 선조인 요나답의 명령보다 더 거룩하고 선하고 유익한 것이기에 더욱 순종해야 마땅한 것인데도 말입니다. 하나님의 명령에 불순종한 유다 백성들의 결과는 멸망이었습니다.

하나님이 인간 선조의 명령을 충실히 지킨 레갑 족속에

게 복을 주셨다면 당신의 명령을 따르는 사람에게는 얼마나 더 큰 복을 주시겠습니까? 고인도 자손들이 하나님의 명령에 순종하여 이 세상에서 복을 받고 천국에 들어가기를 간절히 바라고 계실 것입니다. 이 자리에서 추모예배를 드리는 모든 가족들은 조상의 선한 뜻을 잘 따르고 하나님의 말씀에 더욱 순종함으로 하나님이 주시는 큰 복을 받는 주인공들이 되시기 바랍니다.

■■■ 기   도 : 설교자

은혜로우신 하나님, 오늘 저희들도 레갑 족속의 사람들처럼 조상의 선한 뜻을 잘 따를 수 있게 하여 주옵소서. 또한 하나님의 말씀에 더욱 순종함으로 하나님이 주시는 큰 복을 받아 누릴 수 있게 하옵소서. 예수 그리스도의 이름으로 기도합니다. 아멘

- ■■■ **찬   송** : 449장〈통:377장〉/ 다함께
- ■■■ **추모묵도** : 고인을 추모하는 묵도
- ■■■ **주기도문** : 다함께

• 메모

성묘추모예배(5)

막벨라 굴의 교훈

■■■ **개식사**

오늘 고 ○○○(호칭)님을 추모하며 하나님 앞에 예배를 드리겠습니다.

다함께 묵도함으로 예배를 시작합니다.

> • **송영**(인도자가 천천히 낭독한다)
>
> "내가 주의 영을 떠나 어디로 가며 주의 앞에서 어디로 피하리이까 내가 하늘에 올라갈지라도 거기 계시며 스올에 내 자리를 펼지라도 거기 계시니이다 내가 새벽 날개를 치며 바다 끝에 가서 거주할지라도 거기서도 주의 손이 나를 인도하시며 주의 오른손이 나를 붙드시리이다" (시 139:7~10)

■■■ **신앙고백** : 다함께
■■■ **찬　　송** : 491장〈통:543장〉/ 다함께
■■■ **대표기도** : 맡은 이 또는 가족 중 한 사람
■■■ **성경봉독** : 창세기 23장 1~18절

"사라가 백이십칠 세를 살았으니 이것이 곧 사라가 누린 햇수라 사라가 가나안 땅 헤브론 곧 기럇아르바에서 죽으매

아브라함이 들어가서 사라를 위하여 슬퍼하며 애통하다가 그 시신 앞에서 일어나 나가서 헷 족속에게 말하여 이르되 나는 당신들 중에 나그네요 거류하는 자이니 당신들 중에서 내게 매장할 소유지를 주어 내가 나의 죽은 자를 내 앞에서 내어다가 장사하게 하시오〈후략〉"

■ 설   교 : 막벨라 굴의 교훈

오늘 본문의 말씀은 아내 사라가 죽은 후 그의 장례를 위해 막벨라 굴을 많은 값을 치르고 산 아브라함의 이야기를 기록하고 있는데 이 말씀은 우리에게 소중한 영적 교훈을 주고 있습니다. 오늘 고인을 추모하는 예배를 드리면서 막벨라 굴의 교훈에 대하여 잠깐 생각해 보고자 합니다.

첫째, 신앙의 가문을 이어가는 것입니다.

아브라함이 사라가 죽었을 때 헷 사람 에브론에게서 샀던 막벨라 굴은 아브라함 가문의 선영이 되었습니다. 이 막벨라 굴에는 사라 외에도 아브라함, 이삭, 리브가, 야곱, 레아가 묻혔습니다. 즉 3대 족장의 부부가 여기에 묻힌 것입니다. 하나님은 호렙산에서 모세를 부르실 때, 이 3대 족장의 이름을 언급하시면서 "이는 나의 영원한 이름이요 대대로 기억할 나의 칭호"라고 하셨습니다(출3:15). 하나님이 대대로 기억할 당신의 칭호라고 하신 이 이름에는 아브라함과 이삭과 야곱의 이름이 다 들어 있습니다. 이 3대 신앙인은 믿음으로 살다간 위대한 신앙의 거성이었습니다.

그러므로 막벨라 굴이 우리에게 주는 교훈은 신앙의 가문을 이어가라는 것입니다. 자손대대로 하나님을 잘 믿는 신앙의 대를 이어간다는 것이 얼마나 큰 복인지 모릅니다. 아브라함의 가문을 보면 아브라함의 아들 중에서는 이삭만이, 이삭의 아들 중에서는 야곱만이 복을 받았지만, 야곱의 아들들은 모두가 복을 받았습니다. 이것은 믿음의 가계를 대대로 이어갈 때 우리와 우리의 후손이 복을 받을 수 있음을 보여주고 있습니다.

둘째, 천국 본향에 대한 소망입니다.

야곱은 애굽 땅에서 죽을 때 자신의 시신을 가나안 땅에 있는 막벨라 굴에 묻어달라는 유언을 남겼는데 야곱의 이 같은 유언 속에는 가나안 땅을 후손에게 주리라는 하나님의 약속에 대한 믿음과 함께 천국 본향에 대한 소망이 담겨있습니다. 가나안 땅은 영적으로는 천국을 상징하는 곳입니다. 후기의 유대 전승에 의하면 에덴동산으로 가는 길은 막벨라 굴에서 시작된다는 말이 있습니다. 에덴동산은 천국의 모형입니다. 그래서 막벨라 굴에 묻힌다는 것은 본향인 천국을 들어간다는 상징적인 의미가 있습니다.

히브리서 기자에 의하면 믿음을 따라 죽었던 사람들이 진정으로 사모한 본향은 땅에 있는 것이 아니라 하늘에 있는 것이었습니다(11:16). 하늘에 있는 본향은 우리도 언젠가 이 세상을 떠날 때 들어가게 될 곳입니다. 그러니 우리는 하늘에 있는 본향에서 돌아가신 분을 만나기를 소망하며 우리에게 주어진 삶을 열심히 살아야 합니다.

사랑하는 가족 여러분, 아브라함이 많은 값을 치르고 산 막벨라 굴은 오늘을 사는 우리에게 신앙의 가문을 이어갈 것과 천국의 본향을 소망하며 살아가라는 귀중한 영적 교훈을 주고 있습니다. 이 같은 교훈을 마음에 새기고 천국 본향을 바라보며 신앙생활을 열심히 할 수 있기를 바랍니다.

■■ **기　　도** : 설교자

은혜로우신 하나님, 오늘 저희들도 아브라함의 가문처럼 자손 대대로 하나님을 잘 믿는 믿음의 가정을 이룰 수 있게 하옵소서. 그리하여 하나님의 크신 복을 자손 대대로 받아 누릴 수 있게 하옵소서. 또한 천국의 본향을 소망하며 살아갈 수 있는 저희 모두가 되게 하옵소서. 예수 그리스도의 이름으로 기도합니다. 아멘

■■ **찬　　송** : 559장〈통:305장〉/ 다함께
■■ **추모묵도** : 고인을 추모하는 묵도
■■ **주기도문** : 다함께

• 메모

성묘추모예배(6)

요단강을 무사히 건너려면

■■■ **개식사**

오늘 고 ○○○(호칭)님을 추모하며 하나님 앞에 예배를 드리겠습니다.

다함께 묵도함으로 예배를 시작합니다.

> • **송영**(인도자가 천천히 낭독한다)
>
> "이러므로 우리에게 구름 같이 둘러싼 허다한 증인들이 있으니 모든 무거운 것과 얽매이기 쉬운 죄를 벗어 버리고 인내로써 우리 앞에 당한 경주를 하며 믿음의 주요 또 온전하게 하시는 이인 예수를 바라보자"(히 12: 1~2上)

■■■ **신앙고백** : 다함께
■■■ **찬　송** : 246장〈통:221장〉/ 다함께
■■■ **대표기도** : 맡은 이 또는 가족 중 한 사람
■■■ **성경봉독** : 여호수아 3장 9~17절

"여호수아가 이스라엘 자손에게 이르되 이리 와서 너희의 하나님 여호와의 말씀을 들으라 하고 또 말하되 살아 계신 하나님이 너희 가운데에 계시사 가나안 족속과 헷 족속과

히위 족속과 브리스 족속과 기르가스 족속과 아모리 족속과 여부스 족속을 너희 앞에서 반드시 쫓아내실 줄을 이것으로서 너희가 알리라〈후략〉"

▪▪ 설　　교 : 요단강을 무사히 건너려면

오늘 본문의 말씀은 이스라엘 백성들이 요단강을 무사히 건넌 사건을 기록하고 있습니다. 요단강은 하나님께서 이스라엘 백성들에게 기업으로 주신 가나안 땅의 경계가 되는 곳이기도 해서 가나안 땅에 들어가려면 반드시 건너야 하는 강이었습니다. 그런데 성경에서 가나안 땅은 천국을 상징하는 곳이기도 해서 요단강을 건넌다는 것은 이 세상에서 천국을 향하는 것에 비유되기도 합니다. 고인께서는 요단강을 건너서 하나님이 계신 천국에 가셨는데 이 요단강은 우리도 언젠가는 건너야 할 강입니다.

그러면 요단강을 무사히 건너가려면 어떻게 해야 하겠습니까?

첫째, 언약궤를 따르는 신앙으로 살아야 합니다.

이스라엘 백성들이 요단강을 건넌 방법은 일반적인 방법과 완전히 달랐습니다. 일반적인 방법은 배를 타거나 다리를 건설해 건너는 것입니다. 그런데 하나님은 이러한 방법이 아닌 다른 방법으로 건너게 하셨는데 그것은 언약궤를 앞세워서 염해로부터 흘러오는 요단강의 물을 그치게 하신 것입니다. 언약궤 덕분에 이스라엘 백성들은 요단강을 마른 땅으로 건널 수 있었습니다.

우리도 요단강을 무사히 건너서 저 천국에 이르려면 언약궤를 따르는 신앙으로 살아가야 합니다. 언약궤는 하나님의 말씀과 임재를 상징하는 성물이었습니다. 그러므로 언약궤를 따른다는 것은 하나님의 말씀에 순종하고 하나님과 동행하는 삶을 산다는 의미를 가지고 있습니다.

둘째, 하나님을 믿고 섬기는 신앙으로 살아가야 합니다.

성경에는 요단강을 마른 땅으로 건넌 사건이 세 번 기록되어 있습니다. 첫 번째는 본문 말씀에 나오는 사건이고, 두 번째는 엘리야 선지자가 불수레를 타고 승천하기 전에 엘리사 선지자와 함께 건넌 것이고(왕하2:8), 세 번째는 엘리야의 승천 후 엘리사가 건넌 것입니다(왕하2:14). 엘리야와 엘리사가 요단강을 건널 때 한 일은 엘리야의 겉옷으로 강물을 친 것입니다. 엘리야의 겉옷으로 강물을 치니 물이 이리 저리 갈라져서 그들이 요단강을 마른 땅으로 건넜다고 기록되어 있습니다.

우리가 여기에서 주목해야 할 것은 이 겉옷의 소유자인 엘리야의 신앙입니다. 엘리야는 아합 왕이 여호와의 선지자들을 죽이고 이스라엘에 바알 숭배가 가득하게 되었을 때 이에 굴하지 않고 끝까지 하나님을 믿고 섬기며 사명을 완수했던 훌륭한 신앙의 인물이었습니다. 우리가 엘리야의 이 같은 신앙을 본받아서 어떠한 환난이나 핍박에도 굴하지 않고 하나님을 끝까지 믿고 섬기며 살아간다면 요단강을 무사히 건너갈 수 있습니다.

　고인께서는 ○년 전에 요단강을 건너 천국으로 가셨습니다. 우리도 요단강을 무사히 건너 천국에 들어가려면 이스라엘 백성들처럼 언약궤를 따르는 신앙으로 살아가고, 엘리야 선지자처럼 하나님을 믿고 섬기는 신앙으로 살아가야 함을 잊지 말기를 바랍니다.

기　　도 : 설교자

　은혜로우신 하나님, 오늘 저희들도 언약궤를 따르는 신앙으로 살아갈 수 있게 하옵소서. 하나님을 믿고 섬기는 신앙으로 살아갈 수 있게 하옵소서. 그리하여 고인처럼 요단강을 무사히 건너서 저 천국에 이를 수 있게 하옵소서.
　예수 그리스도의 이름으로 기도합니다. 아멘

찬　　송 : 543장〈통:342장〉/ 다함께
추모묵도 : 고인을 추모하는 묵도
주기도문 : 다함께

• 메모

성묘추모예배(7)-불신부모

죽은 자의 소원

■■■ **개식사**

오늘 고 ○○○(호칭)님을 추모하며 하나님 앞에 예배를 드리겠습니다.

다함께 묵도함으로 예배를 시작합니다.

> • **송영**(인도자가 천천히 낭독한다)
>
> "내가 산을 향하여 눈을 들리라 나의 도움이 어디서 올까 나의 도움은 천지를 지으신 여호와에게서로다 여호와께서 너를 실족하지 아니하게 하시며 너를 지키시는 이가 졸지 아니하시리로다"(시 121:1~3)

■■■ **신앙고백** : 다함께
■■■ **찬   송** : 438장〈통:495장〉/ 다함께
■■■ **대표기도** : 맡은 이 또는 가족 중 한 사람
■■■ **성경봉독** : 누가복음 16장 19~31절

"한 부자가 있어 자색 옷과 고운 베옷을 입고 날마다 호화롭게 즐기더라 그런데 나사로 이름하는 한 거지가 헌데 투성이로 그의 대문 앞에 버려진 채 그 부자의 상에서 떨어지는 것으로 배불리려 하매 심지어 개들이 와서 그 헌데를

핥더라 이에 그 거지가 죽어 천사들에게 받들려 아브라함의 품에 들어가고 부자도 죽어 장사되매〈후략〉"

설교 : 죽은 자의 소원

하나님을 믿지 않다가 세상을 떠난 부모님을 둔 사람의 가장 큰 슬픔은 아마도 부모님이 구원을 받지 못했을 것이라는 낙망감일 것입니다. 우리 기독교는 예수님을 믿지 못하면 그 누구도 구원을 받지 못한다고 보기 때문입니다. 본문 말씀은 '부자와 거지 나사로의 비유'인데 이 비유는 사후세계의 실태를 보여 주고 있습니다. 우리는 이 비유에서 세상에 남아 있는 가족들을 향한 죽은 자의 소원이 무엇인지 발견할 수 있습니다.

첫째, 지옥에 오지 않는 것입니다.

세상에서는 호의호식했지만 죽어서는 지옥으로 간 부자는 아브라함에게 두 가지 소원을 말했습니다. 첫 번째는 나사로가 손가락에 물을 찍어서 자신의 혀를 서늘하게 해주는 것이고, 두 번째는 나사로가 형제들에게 증거하여 그들이 지옥에 오지 않게 하는 것입니다. 그런데 나사로를 통해 이루어 달라는 한 부자의 소원은 모두 거절을 당했습니다. 그리고 그 거절에는 합당한 이유가 있습니다.

우리는 부자의 소원을 통해서 세상에 남아 있는 가족들을 향한 죽은 자의 간절한 소원이 무엇인지 알 수 있습니다. 그것은 자신은 비록 지옥에서 고통을 당할지라도 세상에 남아 있는 가족들은 모두 구원받기를 간설히 바란다는 것입니다. 그러므로 우리가 이 땅에서 열심히 예수님을 믿어서 천국에 가는 것은 돌아가신 고인의 간절한 소원이라고 할 수 있습니다.

둘째, 사랑의 계명을 실천하는 것입니다.

부자가 지옥에 가고 거지 나사로가 천국에 간 이유는 경제적인 것이 아닙니다. 즉 재물이 많으면 지옥에 가고 가난하면 천국에 간다는 의미가 아니라는 것입니다.

부자가 지옥에 간 것은 무엇보다 모세의 율법과 선지자들의 글에 명시된 사랑의 계명을 행하지 않았기 때문이라고 할 수 있습니다. 아브라함이 나사로를 자기 아버지 집에 보내달라는 부자의 요청을 거절하며 했던 대답은 "모세와 선지자들에게 듣지 아니하면 비록 죽은 자 가운데서 살아나는 자가 있을지라도 권함을 받지 아니하리라"(31절)는 말입니다.

모세의 율법과 선지자의 강령은 하나님과 이웃을 사랑하는 것입니다. 마태복음 25장 31절 이하에 나오는 '양과 염소의 비유'에서 보듯이 지극히 작은 자 하나를 섬기는 것은 곧 하나님을 섬기는 것이며 이웃을 사랑하고 섬기는 사람이 천국을 상속받게 됩니다. 그러므로 우리가 확실한 구원에 이르려면 성경에 기록된 사랑의 계명을 실천해야만 합니다.

고인은 세상에 남아 있는 가족들이 이 계명을 실천하여

확실한 구원에 이르기를 소원하고 계실 것입니다.

    고인이 불신자로 살다가 세상을 떠나신 것은 매우 안타까운 일입니다. 그러나 세상에 남아 있는 가족들만이라도 예수님을 잘 믿어서 천국에 들어가기를 간절히 바라고 계실 것입니다. 그 소원을 이루어 드릴 수 있는 모두가 되시기를 바랍니다.

▪▪▪ 기　　도 : 설교자

    은혜로우신 하나님, 지금 고인의 간절한 소원은 우리 가족 모두가 예수님을 잘 믿어서 천국 가는 것임을 잊지 말게 하옵소서. 저희 모두가 이 땅에서 고인의 간절한 소원을 이루어 드릴 수 있는 삶이 되게 하옵소서. 예수 그리스도의 이름으로 기도합니다. 아멘

▪▪▪ 찬　　송 : 485장〈통:534장〉/ 다함께
▪▪▪ 추모묵도 : 고인을 추모하는 묵도
▪▪▪ 주기도문 : 다함께

• 메모

여호와께 감사하라
그는 선하시며 그 인자하심이 영원함이로다
신들 중에 뛰어난 하나님께 감사하라
그 인자하심이 영원함이로다
주들 중에 뛰어난 주께 감사하라 그 인자하심이 영원함이로다
(시 136:1~3)

5부

 설날 추모(감사) 예배

Sermon_

우애와 존경

성도의 명절

가정의 행복을 이루는 요소

복이 있는 사람

여호와를 만나는 삶

하나님을 존중히 여기는 가정

담을 뛰어 넘는 새해

설날 추모(감사)예배(1)

우애와 존경

▪▪▪ 개식사

지금부터 설날 명절을 맞이하여 하나님 앞에 예배를 드리겠습니다.

다함께 묵도함으로 예배를 시작합니다.

> • 송영(인도자가 천천히 낭독한다)
>
> "여호와께 감사하고 그의 이름을 불러 아뢰며 그가 하는 일을 만민 중에 알게 할지어다 그에게 노래하며 그를 찬양하며 그의 모든 기이한 일들을 말할지어다 그의 거룩한 이름을 자랑하라 여호와를 구하는 자들은 마음이 즐거울지로다"(시 105: 1~3)

▪▪▪ **신앙고백** : 다함께

▪▪▪ **찬   송** : 550장〈통:248장〉/ 다함께

▪▪▪ **대표기도** : 가족 중 한사람

▪▪▪ **성경봉독** : 로마서 12장 10~11절

"형제를 사랑하여 서로 우애하고 존경하기를 서로 먼저 하며 부지런하여 게으르지 말고 열심을 품고 주를 섬기라"

■■■ 설   교 : 우애와 존경

　행복한 가정은 부부 사이뿐만 아니라 온 가족의 사이가 좋은 가정입니다. 즉 부부간, 부모와 자식 간, 그리고 자식과 자식 간이 모두 화목한 가정입니다. 이런 가정을 이루기 위해서는 무엇이 필요하겠습니까? 본문 말씀에는 행복한 가정을 이루는 데 필요한 두 가지 원리가 제시되어 있습니다. 오늘 이 시간에 설날 가정예배를 드리면서 우리 가정이 주 안에서 행복한 가정으로 세워지기를 바라는 마음으로 그 두 가지 원리를 증거하고자 합니다.

　첫째, 우애입니다.

　본문 말씀에 보면 "형제를 사랑하여 서로 우애하고"라는 말씀이 있습니다. 사전적인 의미에서의 우애란 "형제간이나 친구 사이의 두터운 정과 사랑"이라는 뜻입니다. 가족 사이에서의 우애는 어떤 상황에서도 서로에 대한 사랑이 변하지 않고 화목한 것을 뜻합니다. 즉 건강할 때나 병들 때나, 기쁠 때나 슬플 때나, 성공했을 때나 실패했을 때나 변함없이 서로 사랑하는 것을 말합니다.

　예컨대 가족 중 누군가가 중병에 걸렸거나 큰 사고를 당하여 오랜 세월을 몸져누워 지낸다고 할지라도 이를 짐으로 여기지 않고 살아 있는 것만으로도 감사할 수 있는 그런 사랑을 말합니다. 가족간에 이와 같은 우애가 있는 가정이 참으로 화목한 가정이라고 할 수 있습니다. 우리가 함께 이루어가야 할 가정은 바로 이와 같이 어떤 상황에서도 서로에 대한 사랑이 변치 않는 화목한 가정입니다.

둘째, 존경입니다.

본문에 "존경하기를 서로 먼저하며"라는 말씀이 있습니다. 존경이란 상대방을 무서워하는 마음으로 떠받드는 것이 아니라 상대방을 인정하고 높여 주는 것을 뜻합니다. 가족들이 서로 존경하지 못하는 가정은 행복할 수 없습니다. 오늘날 수많은 가정이 이혼으로 파괴되는 원인도 서로를 존경하지 못하기 때문입니다.

가족 사이의 존경은 평등해야 합니다. 성별이나 나이순으로 더 존경을 받아야 하는 것은 아닙니다. 만일 남존여비 사상으로 남편과 아들을 아내와 딸보다 더 존중한다면 그 가정은 결코 행복할 수 없습니다. 자식은 마땅히 부모를 존경해야 하지만 부모 역시 자식을 존중해야 합니다. 요즘 사회문제로 대두되고 있는 아동학대도 바로 부모가 자식을 존중하지 못하기 때문에 가해지는 가정폭력입니다.

사람들은 누구나 자존감이 있습니다. 즉 누구나 다른 사람들에게서 존경받기를 원하는 욕구가 있습니다. 그런데 다른 사람도 아닌 자기 가족에게서 존경을 받지 못한다면 어디서 자존감을 세울 수 있겠습니까? 다른 사람들은 내 가족을 존경하지 못할지라도 나는 존경할 수 있어야 합니다.

오늘 말씀에 하나님은 무엇보다 가정의 행복을 위해서 가족을 존경할 것을 명하셨습니다. 사랑하는 우리 가족 모두가 행복한 가정을 이루는 것은 하나님이 우리 가정에 원하시는 뜻입니다. 행복한 가정은 본문 말씀의 가르침과 같이 '우애'와 '존경'이 있는 가정이란 것을 기억하여 서로 우애하고 존경하기를 먼저 함으로 가정을 든든히 세워갈 수 있기를 바랍니다.

기   도 : 설교자

자비하신 하나님, 설날을 맞이하여 저희 가족 모두가 한 자리에 모여 예배를 드릴 수 있게 하시니 감사드립니다. 오늘 주신 말씀대로 저희 가족 모두가 서로 우애하고 존경하기를 먼저 함으로 주님 안에서 행복한 가정을 든든히 세워갈 수 있게 하옵소서. 예수 그리스도의 이름으로 기도합니다. 아멘

찬   송 : 559장〈통:305장〉/ 다함께
추모묵도 : 고인을 추모하는 묵도
주기도문 : 다함께

• 메모

설날 추모(감사)예배(2)

성도의 명절

■■■ **개식사**

지금부터 설날 명절을 맞이하여 하나님 앞에 예배를 드리겠습니다.

다함께 묵도함으로 예배를 시작합니다.

> • **송영**(인도자가 천천히 낭독한다)
>
> "할렐루야, 여호와의 종들아 찬양하라 여호와의 이름을 찬양하라 이제부터 영원까지 여호와의 이름을 찬송할지로다 해 돋는 데에서부터 해 지는 데에까지 여호와의 이름이 찬양을 받으시리로다" (시 113:1~3)

■■■ **신앙고백** : 다함께
■■■ **찬　　송** : 552장〈통:358장〉/ 다함께
■■■ **대표기도** : 가족 중 한사람
■■■ **성경봉독** : 신명기 16장 1~17절

"아빕월을 지켜 네 하나님 여호와께 유월절을 행하라 이는 아빕월에 네 하나님 여호와께서 밤에 너를 애굽에서 인도하여 내셨음이라 여호와께서 자기의 이름을 두시려고 택하신 곳에서 소와 양으로 네 하나님 여호와께 유월절 제사를 드

리되 유교병을 그것과 함께 먹지 말고 이레 동안은 무교병 곧 고난의 떡을 그것과 함께 먹으라 이는 네가 애굽 땅에서 급히 나왔음이니 이같이 행하여 네 평생에 항상 네가 애굽 땅에서 나온 날을 기억할 것이니라〈후략〉"

설   교 : 성도의 명절

성경의 무대인 이스라엘에도 명절이 있었는데 그것은 유월절, 맥추절, 수장절(초막절)입니다. 오늘 본문 말씀에는 이스라엘의 3대 절기가 소개되고 있는데 이스라엘 명절에 나타난 정신을 우리나라 명절에도 적용해 볼 수 있습니다.

그러면 우리 그리스도인은 이스라엘 3대 명절을 우리나라의 명절에 어떻게 적용할 수 있겠습니까?

첫째, 찾는 대상이 있습니다.

우리나라에서 명절 때만 되면 '민족대이동'이라는 말이 쉽게 떠오릅니다. 수많은 사람들이 명절을 맞이하여 고향을 찾기 때문입니다. 이스라엘의 3대 명절도 바로 민족대이동의 날이었습니다. 왜냐하면 명절이 되면 모든 이스라엘 남자들이 하나님 앞으로 나와야 했기 때문입니다(16절).

우리나라에서 명절이 되면 고향을 찾고 부모 형제를 찾는 것처럼 이스라엘 사람들은 하나님을 찾고 성전을 찾았습니다. 그러므로 이스라엘 사람들에게 있어서의 명절은 무엇보다 하나님을 찾는 날이었습니다.

우리가 명절이 되면 고향과 부모를 찾아가는 것이 당연

하지만, 그리스도인들은 무엇보다도 이 날에 하나님을 찾을 수 있어야 합니다. 우리가 명절에 제사 대신 가정예배를 드리는 것도 하나님을 찾기 위해서입니다.

둘째, 빈손으로 가지 않습니다.

명절에 고향을 찾는 사람들을 보면 대부분 선물을 들고 가는 것을 확인할 수 있듯이, 이스라엘 사람들도 명절에 하나님을 뵈러 갈 때 빈손으로 가지 않았습니다. 그들도 명절을 지키러 갈 때 하나님께서 주신 복을 따라 자원하는 예물을 드렸습니다(10절).

우리가 명절에 육신의 부모님께 선물을 드리는 것은 은혜에 감사하는 마음이 담겨 있는 것입니다. 이와 같이 이스라엘 사람들이 하나님께 예물을 드리는 것도 동일했습니다. 그러므로 우리 그리스도인은 명절에 조상과 부모에게 감사해야 하는 것이 당연하지만 하나님께도 감사하는 날로 명절을 보내야만 합니다.

셋째, 즐거움이 있습니다.

어느 나라에서나 명절은 즐거운 날입니다. 고향을 찾고 부모 형제를 만나고 가족들과 함께 시간을 보내면서 즐거움을 누릴 수 있기 때문입니다. 본문 11절의 말씀을 보면 이스라엘의 명절도 즐거움이 있는 날임을 밝히고 있습니다. 그런데 이스라엘의 명절은 사회적 약자와 소외 계층도 함께 즐거워한 날이었습니다(14절). 우리 그리스도인은 이스라엘 명절의 이러한 정신을 본받아서 명절을 나와 내 가족만 즐기는 날이 아니라 주위의 소외되고 불우한 이웃들도 함께 돌아보는 날로 보내야만 할 것입니다.

　아무쪼록 우리 그리스도인은 명절을 쇨 때 이스라엘 명절에 담긴 정신도 함께 준수해야 함을 기억할 수 있기를 바랍니다.

기　　도 : 설교자

　은혜로우신 하나님, 오늘 설날을 맞이하여 이스라엘 명절에 담긴 정신을 살펴봤습니다. 명절을 쇨 때마다 이스라엘 명절에 담긴 정신을 담아낼 수 있는 저희 가족들이 되게 하여 주옵소서. 하나님을 기억하고 감사하며 소외된 이웃과도 함께 즐거워할 수 있는 명절이 되게 하옵소서. 예수 그리스도의 이름으로 기도합니다. 아멘

찬　　송 : 220장〈통:278장〉/ 다함께
추모묵도 : 고인을 추모하는 묵도
주기도문 : 다함께

- 메모

설날 추모(감사)예배(3)

가정의 행복을 이루는 요소

■■■ **개식사**

지금부터 설날 명절을 맞이하여 하나님 앞에 예배를 드리겠습니다.

다함께 묵도함으로 예배를 시작합니다.

> • **송영**(인도자가 천천히 낭독한다)
>
> "여호와를 경외하는 자 누구냐 그가 택할 길을 그에게 가르치시리로다 그의 영혼은 평안히 살고 그의 자손은 땅을 상속하리로다"
> (시 25:12~13)

■■■ **신앙고백** : 다함께
■■■ **찬　송** : 249장〈통:249장〉/ 다함께
■■■ **대표기도** : 가족 중 한사람
■■■ **성경봉독** : 신명기 10장 12~13절

"이스라엘아 네 하나님 여호와께서 네게 요구하시는 것이 무엇이냐 곧 네 하나님 여호와를 경외하여 그의 모든 도를 행하고 그를 사랑하며 마음을 다하고 뜻을 다하여 네 하나님 여호와를 섬기고 내가 오늘 네 행복을 위하여 네게 명하

는 여호와의 명령과 규례를 지킬 것이 아니냐"

설 교 : 가정의 행복을 이루는 요소

행복한 가정은 모든 사람이 소망하는 것이지만 우리나라 많은 가정들이 불행한 것이 사실입니다. OECD국가 중 자살율과 이혼율이 가장 많은 나라가 우리나라입니다. 이런 시대를 살아가는 우리 그리스도인은 가정의 소중함을 일깨우고 행복한 가정을 이루어서 세상의 어두움을 밝히는 빛이 되어야 할 것입니다.

오늘 설 명절을 맞이하여 가정의 행복을 이루는 요소가 무엇인지 잠깐 생각해 보도록 하겠습니다.

첫째, 하나님과의 바른 관계입니다.

사람들은 흔히 좋은 사람을 만나서 결혼하면 행복하게 살 수 있을 것이라고 생각합니다. 그러나 아무리 완벽하게 좋은 사람을 만났다고 해도 그 속에 하나님이 빠지면 행복할 수 없습니다. 인류의 시조 아담과 하와를 보십시오. 세상에서 가장 완벽한 사람들이었습니다. 그러나 그들이 불행하게 된 원인이 무엇이었습니까? 하나님의 말씀에 불순종함으로 그분과의 관계가 파괴되었기 때문입니다. 그러므로 우리 인간이 행복하려면 무엇보다 하나님과의 관계가 제일 중요하다는 것을 잊어서는 안 됩니다. 왜냐하면 인간의 생사화복을 주관하시는 이가 바로 하나님이시기 때문입니다.

둘째, 가족과의 바른 관계입니다.

가정은 가족으로 이루어진 혈연공동체입니다. 모든 가족은 가정에서 자신이 맡은 위치가 있습니다. 남편은 남편으로서의 위치, 아내는 아내로서의 위치, 부모는 부모로서의 위치, 자녀는 자녀로서의 위치가 있습니다. 이처럼 모든 가족은 저마다 다른 가족 구성원과 이런 저런 관계를 맺고 있습니다. 가정이 행복하려면 가족과의 이러한 관계를 바로 세워야 합니다. 관계를 바로 세우는 것은 각자의 위치에서 가족에 대한 의무를 다하는 것입니다. 가정의 불행은 누군가가 자신의 위치와 의무를 저버릴 때 발생하게 됩니다. 바울은 "가족을 돌아보지 아니하면 믿음을 배반한 자요 불신자보다 더 악한 자"라고 했습니다(딤전5:8). 그러므로 가정의 행복은 가족과의 바른 관계에서 꽃피는 것임을 잊지 말아야겠습니다.

셋째, 이웃과의 바른 관계입니다.

가정의 행복을 이루는 요소에는 이웃과의 바른 관계도 포함됩니다. 오늘 본문 13절에 "내가 오늘 네 행복을 위하여 네게 명하는 여호와의 명령과 규례를 지킬 것이 아니냐"라고 말씀합니다. 여기에서 여호와의 명령과 규례를 핵심적으로 요약한 것이 무엇입니까? 그것은 바로 십계명인데 십계명은 크게 하나님을 사랑하는 것과 이웃을 사랑하는 것으로 나눌 수 있습니다. 그러므로 우리가 행복한 가정을 이루려면 이웃과의 관계도 바로 세워야 합니다. "네 이웃을 네 몸과 같이 사랑하라"는 주님의 말씀을 따라 이웃을 사랑하고 섬기며 그리스도의 향기를 드러내는 삶을 살면 행복이 선물로 주어지게 되는 것입니다.

　오늘 설 명절을 맞이하여 가정의 행복을 이루는 요소에 대하여 살펴봤습니다. 오늘 주신 말씀대로 하나님과 가족과 이웃과의 바른 관계를 통해 행복한 가정을 이룰 수 있기를 바랍니다.

▪▪▪ **기　　도** : 설교자

　사랑의 하나님, 오늘 설날을 맞이하여 가정의 행복을 이루는 요소에 대하여 살펴봤습니다. 오늘 주신 말씀대로 행복한 가정을 이루기 위하여 하나님과, 가족과, 이웃과의 바른 관계를 세워나가기에 힘쓸 수 있는 저희가 되게 하여 주옵소서. 예수 그리스도의 이름으로 기도합니다. 아멘

▪▪▪ **찬　　송** : 218장〈통:369장〉/ 다함께
▪▪▪ **추모묵도** : 고인을 추모하는 묵도
▪▪▪ **주기도문** : 다함께

• 메모

설날 추모(감사)예배(4)

복이 있는 사람

■■■ **개식사**

지금부터 설날 명절을 맞이하여 하나님 앞에 예배를 드리겠습니다.

다함께 묵도함으로 예배를 시작합니다.

> • **송영**(인도자가 천천히 낭독한다)
>
> "여호와를 경외하는 자는 이같이 복을 얻으리로다 여호와께서 시온에서 네게 복을 주실지어다 너는 평생에 예루살렘의 번영을 보며 네 자식의 자식을 볼지어다 이스라엘에게 평강이 있을지로다"
>
> (시 128:4~6)

■■■ **신앙고백** : 다함께
■■■ **찬　　송** : 205장〈통:236장〉/ 다함께
■■■ **대표기도** : 가족 중 한사람
■■■ **성경봉독** : 요한계시록 1장 3절

"이 예언의 말씀을 읽는 자와 듣는 자와 그 가운데에 기록한 것을 지키는 자는 복이 있나니 때가 가까움이라"

■ 설   교 : 복이 있는 사람

우리나라 사람들이 새해가 되어 가장 많이 나누는 인사는 "새해 복 많이 받으세요"입니다. 이것은 누구나 복을 받기를 원하고 있기 때문입니다. 그런데 복이라는 것은 받기를 원한다고 해서 또는 빌어준다고 해서 저절로 내려오는 것이 아닙니다.

오늘 설날 가정예배를 드리면서 하나님의 말씀을 통해 어떻게 하면 복을 받을 수 있는지 살펴봄으로써 이번 새해에는 우리 가족 모두가 복 받는 자가 될 수 있기를 소망합니다.

첫째, 하나님의 말씀을 읽는 자가 복이 있습니다.

본문 말씀에 의하면 예수님과 사도 요한이 어떤 사람이 복이 있는지 지적한 것이 있는데 그것은 하나님의 말씀을 '듣고 지키는 자' 입니다.

예수님 시대에는 성경이 기록되지 않았고, 오늘날처럼 일반 백성들이 쉽게 성경을 쉽게 구해볼 수 없는 시대여서 듣는 것에 강조점을 두고 있는 것처럼 보이는데 사실은 읽는 것을 가볍게 보면 안 됩니다. 우리가 복을 받으려면 하나님의 말씀을 열심히 읽어야 합니다.

시편 기자도 복 있는 사람에 대하여 '말씀을 주야로 묵상하는 자' 라고 증거하고 있습니다. 그러므로 우리는 하나님의 말씀을 사랑하고 열심히 읽을 때 성경에 기록된 복을 받을 수 있습니다.

둘째, 하나님의 말씀을 듣는 자가 복이 있습니다.

본문 말씀에도 사도 요한이 예수님의 계시를 받아 '들음의 복'에 대하여 증거하고 있지만, 복음서에서도 예수님이 들음으로 복이 있음을 여러 번 말씀하신 것을 볼 수 있습니다(마13:16, 눅11:28). 사도 바울도 '믿음은 들음에서 난다'고 증거하면서 하나님의 말씀을 듣는 것이 얼마나 복된 것인지 설파했습니다. 그러므로 우리가 복 있는 자가 되려면 하나님의 말씀을 열심히 들어야 합니다.

셋째, 하나님의 말씀을 지키는 자가 복이 있습니다.

본문 말씀은 또한 하나님의 말씀을 지키는 자가 복이 있다고 증거하고 있습니다. 구원에 있어서 행함을 강조한 야고보 선생도 "자유롭게 하는 온전한 율법을 들여다보고 있는 자는 듣고 잊어버리는 자가 아니요 실천하는 자니 이 사람은 그 행하는 일에 복을 받으리라"고 하면서 하나님의 말씀을 지키는 자가 복이 있다고 했습니다(약1:25).

우리가 온전한 복을 받으려면 말씀을 읽고 듣는 것만으로는 부족합니다. 말씀을 우리의 삶 속에서 실천하며 그 말씀대로 행하는 삶을 살아야 합니다.

예수님은 산상수훈을 마치시면서 "누구든지 나의 이 말을 듣고 행하는 자는 그 집을 반석 위에 지은 지혜로운 사람과 같다"고 말씀하셨습니다(마7:24). 이것은 성경에 기록된 하나님의 축복은 말씀을 지키는 자에게 임한다는 것을 분명히 하신 것입니다.

그러므로 우리가 복 있는 사람이 되려면 하나님의 말씀을 지키고 행하는 삶을 살아야 합니다. 새해에는 말씀을 잘 읽고, 잘 듣고, 잘 지켜 행함으로써 이 세상에서의 복뿐만 아니라 영생의 삶까지 복되게 할 수 있는 모든 가족들이 되시기를 바랍니다.

■■ **기   도** : 설교자

자비하신 하나님, 설날을 맞이하여 저희 가족 모두가 하나님께 예배를 드렸습니다. 새해에는 이 자리에 있는 모든 가족이 하나님의 말씀을 잘 읽고, 잘 듣고, 잘 지켜 행함으로 믿음의 열매도 많이 맺게 하시고 하나님의 크신 복을 받아 누리는 삶이 되게 하여 주옵소서. 예수 그리스도의 이름으로 기도합니다. 아멘

■■ **찬   송** : 204장〈통:379장〉/ 다함께
■■ **추모묵도** : 고인을 추모하는 묵도
■■ **주기도문** : 다함께

• 메모

설날 추모(감사)예배(5)

여호와를 만나는 삶

■■ **개식사**

지금부터 설날 명절을 맞이하여 하나님 앞에 예배를 드리겠습니다.

다함께 묵도함으로 예배를 시작합니다.

> • **송영**(인도자가 천천히 낭독한다)
>
> "여호와께 감사하라 그는 선하시며 그 인자하심이 영원함이로다 신들 중에 뛰어난 하나님께 감사하라 그 인자하심이 영원함이로다 주들 중에 뛰어난 주께 감사하라 그 인자하심이 영원함이로다"
>
> (시 136:1~3)

■■ **신앙고백** : 다함께
■■ **찬   송** : 205장〈통:236장〉/ 다함께
■■ **대표기도** : 가족 중 한사람
■■ **성경봉독** : 잠언 8장 17~21절

"나를 사랑하는 자들이 나의 사랑을 입으며 나를 간절히 찾는 자가 나를 만날 것이니라 부귀가 내게 있고 장구한 재물과 공의도 그러하니라 〈후략〉"

■■■ 설   교 : 여호와를 만나는 삶

　오늘은 설날입니다. 설날을 맞이하여 이 자리에 모인 우리 모든 가족들에게 하나님의 은혜가 함께하는 복된 날이 되기를 소원합니다. 설날은 온 가족이 한자리에 모여 함께할 수 있는 날이기에 기쁨과 즐거움의 날이기도 하지만, 우리 각자가 연초에 세운 계획과 결심들을 다시 한 번 점검해 보고 마음을 새롭게 하면서 다짐해 볼 수 있는 날이기도 합니다. 혹시 결심한 일들이 잘못되어 가고 있지는 않은지, 때를 놓친 것은 아닌지 점검해 보면서 설날을 기점으로 흐트러진 마음을 다잡는다면 설날은 우리에게 더욱 의미 있고 복된 날이 될 것입니다. 오늘 또 다시 새롭게 한 해를 맞이하는 우리에게 가장 중요한 것은 무엇보다도 하나님을 만나는 삶일 것입니다. 인간이 한평생 이 세상을 살아가는 동안 네 가지를 잘 만나면 복 있는 자라고 합니다. 첫째, 부모를 잘 만나야 하고, 둘째, 친구를 잘 만나야 하고, 셋째, 선생을 잘 만나야 하고, 넷째, 배우자를 잘 만나야 복 있는 자라고 합니다. 그러나 가장 중요한 만남은 하나님과의 만남입니다. 하나님은 인간과의 만남을 기뻐하시며 또한 끊임없이 약속으로 만남을 축복하여 주셨습니다. 그러므로 우리가 축복된 한 해를 살려면 하나님을 만나는 한 해를 살아야 할 것입니다. 그러면 하나님은 어떤 자를 만나 주시며, 또한 하나님을 만날 자는 어떠한 자인가에 대하여 잠깐 말씀을 살펴보겠습니다.

첫째, 간절한 마음으로 하나님을 찾는 자가 만날 수 있습니다.

잠언8장 17절 말씀에 "나를 사랑하는 자들이 나의 사랑을 입으며 나를 간절히 찾는 자가 나를 만날 것이니라"고 하였습니다. 이 말씀대로 하나님을 사랑하고 하나님을 간절히 찾는 자가 하나님을 만날 수 있습니다. 따라서 이 자리에 모인 우리 가족은 하나님을 사랑하고 하나님을 간절히 찾는 한 해가 되기를 기도해야 합니다. 하나님을 진정으로 만나야 합니다. 그래야 진정한 변화를 체험할 수 있습니다.

둘째, 신령과 진정으로 예배하는 자가 만날 수 있습니다.

예배는 하나님의 최대 관심입니다. 그래서 주님은 요한복음 4장 23절에도 하나님은 영과 진리로 예배하는 자를 찾으신다고 하셨습니다. 혹 우리가 한 해를 살면서 참된 예배를 드릴 수 있는 환경적 조건이 뒷받침되지 않는다 할지라도 최대한 예배하는 일에 힘써야만 할 것입니다. 예배를 통해서 하나님은 우리에게 회복을 주시기 때문입니다.

셋째, 은혜를 구하는 자가 하나님을 만납니다.

스가랴 8장 22절에 보면 "만군의 여호와를 찾고 은혜를 구하자"고 했습니다. 가장 불행한 사람은 하나님의 은혜를 알지 못하고 그 은혜를 구하지 못하는 자들입니다. 반면 가장 행복한 사람은 하나님의 은혜를 입은 사람입니다. 설날을 맞이하여 이 자리에 모인 우리 모두도 이 중 한 사람이 되실 수 있기를 바랍니다.

　우리가 한 해를 살면서 삶 속에서 하나님을 만나야 될 일들이 얼마나 많습니까? 오늘의 말씀대로 올 한해는 전심을 다하여 하나님을 찾으심으로 하나님의 은혜를 입는 복된 한 해 되시기를 바랍니다.

기　　도 : 설교자

　은혜로우신 하나님, 설날을 맞이하여 우리 모든 가족이 한자리에 모여 하나님께 예배를 드렸습니다. 오늘 주신 말씀대로 저희 모두가 간절한 마음으로 하나님을 찾게 하시고, 예배하는 일에 힘쓰게 하시며, 하나님의 은혜를 구하는 삶이 되게 하여 주옵소서. 그리하여 주님의 크신 은혜와 축복을 경험하며 주님께 큰 영광을 돌릴 수 있게 하여 주옵소서. 예수 그리스도의 이름으로 기도합니다. 아멘

찬　　송 : 204장〈통:379장〉/ 다함께
추모묵도 : 고인을 추모하는 묵도
주기도문 : 다함께

• 메모

설날 추모(감사)예배(6)

하나님을 존중히 여기는 가정

■■■ **개식사**

지금부터 설날 명절을 맞이하여 하나님 앞에 예배를 드리겠습니다.

다함께 묵도함으로 예배를 시작합니다.

> • **송영**(인도자가 천천히 낭독한다)
>
> "여호와여 주의 율례들의 도를 내게 가르치소서 내가 끝까지 지키리이다 나로 하여금 깨닫게 하여 주소서 내가 주의 법을 준행하며 전심으로 지키리이다"
> (시 119:33~34)

■■■ **신앙고백** : 다함께
■■■ **찬　송** : 505장〈통:559장〉/ 다함께
■■■ **대표기도** : 가족 중 한사람
■■■ **성경봉독** : 사무엘상 2장 27~35절

"~ 이스라엘 모든 지파 중에서 내가 그를 택하여 내 제사장으로 삼아 그가 내 제단에 올라 분향하며 내 앞에서 에봇을 입게 하지 아니하였느냐 이스라엘 자손이 드리는 모든 화제를 내가 네 조상의 집에 주지 아니하였느냐〈후략〉"

■■■ 설   교 : 하나님을 존중하는 가정

사람들은 누구나 자신의 가정이 흥하고 행복하기를 원합니다. 그러나 많은 가정들이 파괴되거나 몰락하고 있는 실정입니다. 본문에도 몰락하는 가정이 소개되고 있는데 제사장 엘리의 가정입니다. 우리가 흥하고 행복한 가정을 꿈꾼다면 엘리의 가정을 반면교사로 삼아야 할 것입니다. 그러면 엘리의 가정은 왜 몰락했을까요? 가장 중요한 이유는 하나님을 멸시한 데 있습니다. 오늘 본문 30절의 말씀이 이를 뒷받침해 주고 있습니다.

이 말씀을 통해 흥하는 가정을 이루려면 온 가족이 하나님을 존중해야 한다는 것을 알 수 있습니다. 그러면 어떻게 해야 하나님을 존중할 수 있을까요?

첫째, 예배에 성공해야 합니다.

구약시대에 하나님을 예배하는 방법은 바로 제사였습니다. 그래서 구약시대에는 제사장이 제사의식을 관장했습니다. 그런데 엘리의 아들들은 제사장으로서 하나님께 바르게 제사를 드리지 않았습니다. 하나님께서 레위기에 명하신 제사법대로 제사를 드려야 하는데 이를 무시하고 자기 멋대로 제사를 드렸고, 제사에 사용된 제물도 자기 멋대로 사용했습니다. 이것은 하나님을 멸시하는 행동입니다.

오늘 우리가 하나님을 존중하려면 무엇보다 바른 예배를 드리기에 힘써야만 합니다. 우리가 바른 예배 생활로 하나님을 존중히 여길 때 기뻐하시고 그 가정에 복을 내려 주십니다.

둘째, 바른 신앙교육이 이루어져야 합니다.

엘리의 아들들이 불량자가 된 주된 원인은 엘리가 아들들에게 어릴 때부터 바른 신앙교육을 시키지 않았기 때문입니다. 하나님의 백성들이 자녀들에게 시켜야 할 신앙교육은 한마디로 세상의 그 무엇보다 하나님을 제일 사랑하게 하는 것이 핵심입니다. 그런데 엘리는 아들들에게 이런 신앙교육을 시키지 못했고 본도 보이지 못했습니다. 우리가 하나님을 존중하는 가정을 이루려면 자녀들에게 바른 신앙교육을 시켜야 합니다. 바른 신앙교육이 자자손손으로 이어질 때 우리의 가정은 하나님이 복 주시는 믿음의 명가가 될 수 있습니다.

셋째, 하나님의 마음과 뜻대로 행해야 합니다.

하나님은 엘리에게 그의 두 아들을 제사장직에서 폐하신 후 그들을 대신하는 충실한 제사장을 일으키시겠다고 말씀하셨습니다. 본문 35절에 의하면 충실한 제사장은 하나님의 마음과 뜻대로 행하는 사람입니다. 하나님은 이 충실한 제사장을 위해 견고한 집을 세우시겠다고 약속하셨습니다.

예수님의 십자가 희생으로 제사제도가 폐지된 오늘날에는 우리 모든 그리스도인이 하나님 앞에서 제사장입니다. 우리가 하나님의 마음과 뜻대로 행하는 충실한 제사장이 되면 하나님은 우리를 위하여 견고한 집을 세워 주십니다.

즉 흥하고 행복한 가정을 이루게 해 주신다는 말씀입니다.

아무쪼록 설날 이 아침에 여기 모인 모든 식구들이 엘리의 가정을 타산지석으로 삼아서 하나님을 존중히 여기는 삶으로 흥하고 행복한 가정을 함께 이루어가기를 간절히 기도합니다.

■■ **기　　도** : 설교자

은혜로우신 하나님, 설날을 맞이하여 우리 모든 가족이 한자리에 모여 하나님께 예배를 드렸습니다. 저희 모두가 오늘 주신 말씀을 마음판에 잘 새길 수 있게 하여 주옵소서. 그리하여 하나님이 기뻐하시고 복을 더하시는 믿음의 명가를 이룰 수 있게 하여 주옵소서. 예수 그리스도의 이름으로 기도합니다. 아멘

■■ **찬　　송** : 327장〈통:361장〉/ 다함께
■■ **추모묵도** : 고인을 추모하는 묵도
■■ **주기도문** : 다함께

• 메모

설날 추모(감사)예배(7)

담을 뛰어 넘는 새해

■■■ **개식사**

지금부터 설날 명절을 맞이하여 하나님 앞에 예배를 드리겠습니다.

다함께 묵도함으로 예배를 시작합니다.

> • **송영**(인도자가 천천히 낭독한다)
>
> "복 있는 사람은 악인들의 꾀를 따르지 아니하며 죄인들의 길에 서지 아니하며 오만한 자들의 자리에 앉지 아니하고 오직 여호와의 율법을 즐거워하여 그의 율법을 주야로 묵상하는도다" (시 1:1~2)

■■■ **신앙고백** : 다함께
■■■ **찬　　송** : 93장〈통:93장〉/ 다함께
■■■ **대표기도** : 가족 중 한사람
■■■ **성경봉독** : 시편 18편 29~34절

"내가 주를 의뢰하고 적군을 향해 달리며 내 하나님을 의지하고 담을 뛰어넘나이다 하나님의 도는 완전하고 여호와의 말씀은 순수하니 그는 자기에게 피하는 모든 자의 방패시로다 〈후략〉"

■설   교 : 담을 뛰어 넘는 새해

오늘 본문 말씀은 다윗이 모든 역경과 환난을 극복하고 자신의 왕조를 굳건히 한 후에 지은 간증 시입니다. 오늘 우리가 새해를 맞이했지만 아직도 여러 가지 위기가 우리나라를 덮고 있고, 갖가지 담들이 가로막혀 있는 상황입니다. 새해 아침에 오늘 말씀을 살펴보고자 하는 것은 우리도 다윗처럼 담을 뛰어넘는 승리를 얻기 위해서입니다.

그러면 우리가 다윗처럼 담을 뛰어넘는 승리의 삶을 살아가려면 어떻게 해야 하겠습니까?

첫째, 하나님을 전적으로 의지해야만 합니다.

다윗이 담을 뛰어넘는 승리의 삶을 살 수 있었던 것은 무엇보다 하나님을 전적으로 의지했기 때문입니다. 본문 29절에 "내 하나님을 의지하고 담을 뛰어넘나이다"라는 말씀이 있습니다. 이 말씀은 다윗으로 하여금 모든 역경과 장애물을 극복케 한 힘의 원천이 어디에 있는지 밝히 보여주고 있습니다. 바로 전폭적으로 하나님을 의지하는 믿음입니다. 하나님은 당신을 의지하는 자에게 도움과 방패가 되시는 분입니다. 어떤 환난과 역경이 다가와도 하나님을 의지하면 하나님의 도우심으로 이것을 극복할 수 있습니다. 그러므로 우리도 다윗처럼 모든 역경의 담을 뛰어넘는 승리의 삶을 살아가려면 하나님을 전적으로 의지해야만 합니다.

둘째, 긍정적인 믿음을 가져야만 합니다.

다윗은 매사에 긍정적인 사고로 행동했던 사람입니다. 이것은 특히 블레셋의 장수 골리앗과의 싸움에서 분명히 드러납니다. 사울을 비롯하여 그를 따르는 이스라엘 군사들은 거인 골리앗 앞에서 벌벌 떨었지만 다윗은 골리앗을 보고도 전혀 두려워하지 않고 아무 병기도 갖지 않은 채 물맷돌 하나만으로 그를 상대하지 않았습니까? 다윗은 비록 자신의 힘으로는 그를 당해내지 못하지만 하나님이 함께 하시면 충분히 쓰러뜨릴 수 있다는 긍정적인 믿음이 있었습니다. 그리고 그 믿음대로 골리앗을 쓰러뜨리고 말았습니다. 우리도 다윗처럼 긍정적인 믿음으로 살아가면 어떤 장벽이 우리 앞을 가로막을지라도 담대한 용기를 가지고 이를 뛰어넘을 수 있습니다.

셋째, 신앙의 기본에 충실해야만 합니다.

다윗의 위대한 점은 어떤 상황에서도 신앙의 기본에 충실했다는 데 있습니다. 이것은 다윗이 지은 수많은 시들에서 확인할 수 있습니다. 신앙의 기본이 무엇입니까? 바로 기도와 말씀입니다. 다윗이 지은 시의 대다수가 기도 시이며 하나님의 말씀을 높이고 사모하는 내용이 담겨 있습니다. 다윗이 수많은 기도 시를 지었다는 것은 그가 어떤 상황 속에서도 기도의 삶을 살았음을 보여주는 것입니다.

다윗이 역경의 담을 뛰어넘어 승리하는 삶을 살 수 있었던 것은 항상 기도와 말씀으로 신앙의 기본에 충실했기 때문입니다. 신앙의 기본에 충실하면 거대한 담처럼 보이는 것들을 뛰어넘는 담대한 신앙을 가질 수 있습니다.

아무쪼록 이 자리에 있는 모든 가족들은 다윗의 신앙을 본받아 가로막혀 있는 갖가지 담들을 잘 뛰어넘어 승리의 새해를 열어가는 삶이 되시기를 주님의 이름으로 기원합니다.

기   도 : 설교자

자비로우신 하나님, 설날을 맞이하여 우리 모든 가족이 한자리에 모여 하나님께 예배를 드리며 교제를 나눌 수 있게 하시니 감사합니다. 이 아침에 예배를 통하여 주신 말씀을 마음판에 잘 새기게 하셔서 다윗과 같은 신앙과 삶으로 승리의 새해를 열어가는 믿음의 사람이 되게 하옵소서. 예수 그리스도의 이름으로 기도합니다. 아멘

찬   송 : 359장〈통:401장〉/ 다함께
추모묵도 : 고인을 추모하는 묵도
주기도문 : 다함께

• 메모

내가 산을 향하여 눈을 들리라
나의 도움이 어디서 올까
나의 도움은 천지를 지으신 여호와에게서로다
여호와께서 너를 실족하지 아니하게 하시며
너를 지키시는 이가 졸지 아니하시리로다
(시 121:1~3)

6부

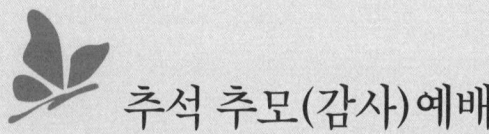
추석 추모(감사)예배

Sermon_

네 얼굴을 보았으니

추석은 감사의 명절

가족사랑

나의 영웅

화목한 가정

신앙의 대 잇기

행복이 있는 가정

추석 추모(감사)예배(1)

네 얼굴을 보았으니

■■■ 개식사

지금부터 추석 명절을 맞이하여 하나님 앞에 예배를 드리겠습니다.

다함께 묵도함으로 예배를 시작합니다.

> • **송영**(인도자가 천천히 낭독한다)
>
> "나는 여호와로 말미암아 즐거워하며 나의 구원의 하나님으로 말미암아 기뻐하리로다 주 여호와는 나의 힘이시라 나의 발을 사슴과 같게 하사 나를 나의 높은 곳으로 다니게 하시리로다"(합 3:18~19)

- ■■■ **신앙고백** : 다함께
- ■■■ **찬   송** : 220장〈통:278장〉/ 다함께
- ■■■ **대표기도** : 가족 중 한사람
- ■■■ **성경봉독** : 창세기 46장 28~34절

"야곱이 유다를 요셉에게 미리 보내어 자기를 고센으로 인도하게 하고 다 고센 땅에 이르니 요셉이 그의 수레를 갖추고 고센으로 올라가서 그의 아버지 이스라엘을 맞으며 그에게 보이고 그의 목을 어긋맞춰 안고 얼마 동안 울매 이스라

엘이 요셉에게 이르되 네가 지금까지 살아 있고 내가 네 얼굴을 보았으니 지금 죽어도 족하도다〈후략〉"

설   교 : 네 얼굴을 보았으니

오늘 본문 말씀에는 아버지 야곱과 아들 요셉의 감동적인 상봉이 기록되어 있습니다. 야곱과 요셉 부자의 만남은 무려 20여 년 만에 이루어진 것입니다. 특히 야곱은 요셉이 죽은 줄 알고 있었기에 사랑하는 아들 요셉을 다시 만난 기쁨은 그 무엇으로도 형언할 수 없는 것이었습니다. 그러면 야곱과 요셉 부자의 만남이 추석을 맞이하여 한자리에 모인 우리들에게 주는 교훈을 한 번 살펴보겠습니다.

첫째, 혈육의 소중함입니다.

당시 야곱의 나이는 인생의 황혼기인 130세였습니다. 이 나이가 되면 거동이 불편하기 때문에 먼 거리를 여행하는 것은 엄두도 내기 어렵습니다. 그러나 야곱은 요셉을 다시 만난다는 기쁨이 너무 큰 나머지 기운이 소생하여 당장 애굽으로 떠날 채비를 했습니다. 이처럼 혈육은 어떤 것도 무릅쓰고 만나고 싶어 할 만큼 소중한 것입니다.

지금 우리나라에는 혈육이 살아 있어도 만나지 못하는 안타까운 이웃들이 많습니다. 그런 면에서 보면 부모형제가 무고하고 언제든 자유롭게 만날 수 있다는 것은 엄청난 복입니다. 그리므로 우리는 혈육의 소중함을 알고 명절 때마다 볼 수 있는 것에 감사해야만 합니다.

둘째, 용서와 화해입니다.

요셉이 사랑하는 아버지와 아우 베냐민과 생이별을 하고 무려 20여 년 동안 타국에서 살게 되었던 것은 그를 미워한 형들 때문이었습니다. 요셉은 형들 때문에 애굽에서 13년 동안 억울한 종살이와 감옥살이를 했습니다. 그렇기 때문에 지금 애굽의 총리대신이 된 위치에서 마음만 먹으면 언제든지 형들에게 복수할 수 있었습니다. 그러나 요셉은 전혀 그렇게 하지 않고 형들의 행위를 용서하고 화해를 했습니다. 우리도 혈육에게 섭섭한 것이나 앙금이 있다면 모두 용서하고 화해를 도모해야만 하겠습니다.

셋째, 좋은 것을 베풀어 주는 것입니다.

요셉은 아버지 야곱을 애굽으로 초청할 때 야곱만 초청한 것이 아니라 모든 형제들과 그들의 가족까지 초청했습니다. 그 이유는 당시 온 땅에 큰 흉년이 들어서 양식이 없었기 때문에 가나안 땅에 살던 모든 식구들을 돌보기 위해서였습니다. 요셉은 또한 애굽에서 목축을 하기에 제일 좋은 땅인 고센을 그들에게 주었습니다. 덕분에 야곱의 모든 가족들은 흉년으로 멸망하지 않게 되었고 애굽에서 크게 번성하여 큰 민족을 이루게 되었습니다. 이것은 요셉이 좋은 것을 아끼지 않고 아버지와 형제들에게 크게 베풀어 주었기 때문에 가능했던 것입니다.

우리도 할 수 있는 대로 혈육들에게 좋은 것을 베풀어 주는 사람이 되어야 합니다. 형제들이 잘되는 것을 시기하지 말고 오히려 복을 빌어 주며 좋은 것을 함께 나누기를 즐겨 해야 합니다.

오늘 본문의 야곱과 요셉의 감동적인 상봉은 추석 명절을 맞아 함께 모인 우리들에게 소중한 교훈을 주고 있습니다. 혈육의 소중함, 형제간의 용서와 화해, 좋은 것을 베푸는 삶이 그것입니다. 이 자리에 함께한 모든 식구들에게 이런 아름다운 모습들이 있기를 간절히 소원합니다.

■■■ **기　　도** : 설교자

자비로우신 하나님, 추석을 맞아 온 가족이 하나님께 감사의 예배를 드렸습니다. 이 아침에 야곱과 요셉의 감동적인 상봉을 통하여 혈육의 소중함을 다시금 깨닫게 하시니 감사드립니다. 저희도 요셉의 삶과 신앙을 본받아서 복되고 아름다운 신앙의 가문을 세워갈 수 있게 하옵소서. 예수 그리스도의 이름으로 기도합니다. 아멘

■■■ **찬　　송** : 595장〈통:372장〉/ 다함께
■■■ **추모묵도** : 고인을 추모하는 묵도
■■■ **주기도문** : 다함께

• 메모

추석 추모(감사)예배 (2)

추석은 감사의 명절

■■■ **개식사**

지금부터 추석 명절을 맞이하여 하나님 앞에 예배를 드리겠습니다.

다함께 묵도함으로 예배를 시작합니다.

> • **송영** (인도자가 천천히 낭독한다)
>
> "내가 산을 향하여 눈을 들리라 나의 도움이 어디서 올까 나의 도움은 천지를 지으신 여호와에게서로다 여호와께서 너를 실족하지 아니하게 하시며 너를 지키시는 이가 졸지 아니하시리로다" (시 121:1~3)

■■■ **신앙고백** : 다함께
■■■ **찬　　송** : 301장〈통:460장〉/ 다함께
■■■ **대표기도** : 가족 중 한사람
■■■ **성경봉독** : 룻기 1장 15~18절

"나오미가 또 이르되 보라 네 동서는 그의 백성과 그의 신들에게로 돌아가나니 너도 너의 동서를 따라 돌아가라 하니 룻이 이르되 내게 어머니를 떠나며 어머니를 따르지 말고 돌아가라 강권하지 마옵소서 어머니께서 가시는 곳에 나도

가고 어머니께서 머무시는 곳에서 나도 머물겠나이다 어머니의 백성이 나의 백성이 되고 어머니의 하나님이 나의 하나님이 되시리니 어머니께서 죽으시는 곳에서 나도 죽어 거기 묻힐 것이라 만일 내가 죽는 일 외에 어머니를 떠나면 여호와께서 내게 벌을 내리시고 더 내리시기를 원하나이다 하는지라 나오미가 룻이 자기와 함께 가기로 굳게 결심함을 보고 그에게 말하기를 그치니라"

설 교 : 추석은 감사의 명절

오늘은 우리 민족 최대의 명절인 추석입니다. 이날이 되면 흩어져 살던 가족들이 고향을 찾아옵니다. 집안의 어른들을 뵙고 인사를 드리고, 보모님의 사랑에 감사하며 온 가족이 한 자리에 모여서 그동안의 안부를 나눕니다.

햅쌀로 밥을 짓고, 송편을 빚으며, 조상의 묘를 찾아 성묘를 하기도 합니다. 농촌에서는 한자리에 모여서 농악과 춤으로 흥겹게 지내기도 하고, 마을마다 편을 짜서 줄다리기도 하며, 모래밭에서는 씨름판이 벌어지기도 하였습니다.

전라남도 서해안 지방에서는 추석날 저녁 보름달이 뜰 무렵에는 부녀자들이 넓은 공터에 모여 손에 손을 잡고 원을 그리며 강강술래를 즐기고 친교를 나누기도 하였습니다.

우리 민족이 지키는 이 추석 명절의 정신을 한마디로 말한다면 '감사의 정신'이라고 설명할 수 있습니다. 추석은 하나님께 감사함을 갖는 절기입니다. 지금까지 살아오면서 여러 가지로 많은 어려움이 있었지만, 오늘 풍요로운 명절을 맞이하기까지 우리 가정을 지켜 주시고 인도해 주신 하나님의 은혜에 크게 감사하는 마음을 가져야 합니다.

또한 추석은 우리 가족의 소중함을 다시 생각하고 가족들에게 감사하는 절기가 되어야 합니다. 평소에는 잊고 살았던 조상님들을 깊이 생각해 봅시다.

특별히 낳아 주시고 길러 주신 부모님의 은혜에 감사하는 절기가 되어야 합니다. 가족들 간에도 서로에게 감사하는 마음을 표현합시다. 남편은 아내에게, 아내는 남편에게 감사하는 마음을 전합시다. 명절을 맞아 부모의 은혜에 감사하고 효로써 공경하면 그것은 곧 우리에게 축복으로 이어질 것입니다.

오늘 본문은 극도의 가난 속에서 남편을 잃은 룻이 홀시어머니인 나오미를 따르기로 작정하고 자기의 고향 모압을 떠나 베들레헴으로 가려는 결단의 모습을 보여줍니다.

하나님을 사랑하는 그의 신앙은 시어머니에 대한 효심으로 이어지고 있습니다. 이러한 결단은 상상하기조차 벅찬 하나님의 복을 그녀에게 안겨주었습니다.

그녀는 생전에 복의 사람 보아스를 만나 결혼하였고 다윗의 증조할머니가 되었으며 예수님의 족보에도 그 이름을 올렸습니다.

오늘 우리도 하나님의 은혜와, 부모님과 가족들의 사랑에 감사하며 살면 룻에게 함께하신 하나님을 경험하는 삶을 살 수 있습니다. 우리 가족들도 하나님의 큰 복을 받아 누리는 삶이 되기를 바랍니다.

■■ 기　　도 : 설교자

자비로우신 하나님, 오늘 추석 명절이 있기까지 저희 가족을 보호해 주시고 인도해 주심을 진심으로 감사드립니다. 주님의 사랑과 은혜 가운데 모든 가족이 강건하고 행복한 삶을 살아가게 하옵소서. 특히 범사에 하나님의 은혜에 감사할 줄 아는 신앙의 사람이 되게 하시고, 조상과 부모님의 사랑과 은혜에 감사할 줄 아는 자녀들이 되게 하옵소서. 예수 그리스도의 이름으로 기도합니다. 아멘

■■ 찬　　송 : 569장〈통:442장〉/ 다함께
■■ 추모묵도 : 고인을 추모하는 묵도
■■ 주기도문 : 다함께

• 메모

추석 추모(감사)예배(3)

가족사랑

▪▪▪ 개식사

지금부터 추석 명절을 맞이하여 하나님 앞에 예배를 드리겠습니다.

다함께 묵도함으로 예배를 시작합니다.

> • 송영(인도자가 천천히 낭독한다)
>
> "나를 사랑하는 자들이 나의 사랑을 입으며 나를 간절히 찾는 자가 나를 만날 것이니라 부귀가 내게 있고 장구한 재물과 공의도 그러하니라 내 열매는 금이나 정금보다 나으며 내 소득은 순은보다 나으니라" (잠 8:17~19)

▪▪▪ **신앙고백** : 다함께
▪▪▪ **찬　송** : 452장〈통:505장〉/ 다함께
▪▪▪ **대표기도** : 가족 중 한사람
▪▪▪ **성경봉독** : 요한복음 19장 25~27절

"예수의 십자가 곁에는 그 어머니와 이모와 글로바의 아내 마리아와 막달라 마리아가 섰는지라 예수께서 자기의 어머니와 사랑하시는 제자가 곁에 서 있는 것을 보시고 자기 어

머니께 말씀하시되 여자여 보소서 아들이니이다 하시고 또 그 제자에게 이르시되 보라 네 어머니라 하신대 그 때부터 그 제자가 자기 집에 모시니라"

■ 설　교 : 가족사랑

해마다 명절이 되면 고향을 찾는 사람들로 고속도로가 가득합니다. 왜 사람들은 명절마다 그렇게 고속도로를 가득 메운 채 고향으로 가는 것일까요? 고향에는 가족들과 함께한 추억이 있기 때문일 것입니다. 비록 고향에 가지 않아도 고향이 소중한 추억으로 남는 이유는 가족들과 어우러져 함께하던 그 추억의 자취 때문일 것입니다. 이처럼 가족은 중요한 것입니다. 오늘 본문의 말씀을 보면 예수님이 십자가에 못 박혀 죽는 고통스러운 순간에도 늙은 어머니 마리아를 사도 요한에게 부탁하는 모습을 그려내고 있습니다. 이 장면을 보면서 우리 그리스도인들은 가족에 대해 어떤 마음을 가져야 할까요?

첫째, 서로가 가족에 대한 의무를 다해야 합니다.

에베소서 6장 1절에서 4절에 보면 이렇게 말씀합니다. "자녀들아 주 안에서 너희 부모에게 순종하라 이것이 옳으니라 네 아버지와 어머니를 공경하라 이것은 약속이 있는 첫 계명이니 이로써 네가 잘되고 땅에서 장수하리라 또 아비들아 너희 자녀를 노엽게 하지 말고 오직 주의 교훈과 훈계로 양육하라".

여기에 보면 부모는 자녀를 주의 훈계로 양육해야 하고 자녀는 주 안에서 부모에게 순종하라고 말씀합니다.

부모는 자녀를 주 안에서 아름답게 양육해야 합니다. 또 자녀는 주 안에서 부모님께 순종해야 합니다. 이것이 가족을 사랑하는 방법이고 이것이 가정이 잘되는 비결입니다. 우리 주님이 어머니에 대한 의무를 다하셨듯이 우리도 그렇게 해야 합니다.

둘째, 배려가 있어야 합니다.

의좋은 형제 이야기를 아시지요? 같이 농사를 짓고 식구가 많은 형을 배려하는 동생과, 새 살림살이로 어려울 것 같아서 동생을 배려하는 형, 이것이 진정 가족의 모습이어야 합니다. 그런데 언제부터인가 우리들 가운데 돈이 제일이라는 생각이 들어와서 돈 앞에는 부모도 형제도 안 보이는 해괴한 일들이 일어납니다.

디모데전서 6장 10절은 "돈을 사랑함이 일만 악의 뿌리가 되나니 이것을 탐내는 자들은 미혹을 받아 믿음에서 떠나 많은 근심으로써 자기를 찔렀도다"라고 말합니다. 돈이 제일인 것 같지만 그것 때문에 오히려 근심이 생긴다고 말합니다. 우리 그리스도인들은 '나는 배려하겠다. 돈 가지고 싸우지 않겠다.'라는 생각을 가져야 합니다. 디모데전서 5장 8절은 "누구든지 자기 친족 특히 자기 가족을 돌아보지 아니하면 믿음을 배반한 자요 불신자보다 더 악한자니라"고 말합니다.

가족에 대한 의무를 다하지 않고 돈만 따라가는 사람은 믿지 않는 사람보다 악한 사람이며 심지어는 짐승보다도 못한 사람입니다. 그러니 우리는 이 말씀을 통해 가족을 사랑하고 가족에 대한 생각을 달리할 수 있어야 하겠습니다.

아무쪼록 가정이 자꾸 깨지는 시대에 가족에 대한 의무를 다하고 서로 간에 배려심이 넘쳐나는 가족이 되기를 소원합니다.

기 도 : 설교자

은혜로우신 하나님, 오늘 추석 명절을 맞아 저희 가족이 한자리에 모여 하나님께 감사의 예배를 드렸습니다. 지금까지 저희 가족을 보호해 주시고 인도해 주심을 진심으로 감사드립니다. 오늘 주신 말씀을 항상 기억하여 가족에 대한 의무를 다하며 서로 간에 배려하는 모습이 넘쳐나게 하여 주옵소서. 예수 그리스도의 이름으로 기도합니다. 아멘

찬 송 : 559장〈통:305장〉/ 다함께
추모묵도 : 고인을 추모하는 묵도
주기도문 : 다함께

• 메모

추석 추모(감사)예배(4)

나의 영웅

■■■ **개식사**

지금부터 추석 명절을 맞이하여 하나님 앞에 예배를 드리겠습니다.

다함께 묵도함으로 예배를 시작합니다.

> • **송영**(인도자가 천천히 낭독한다)
>
> "의인은 종려나무 같이 번성하며 레바논의 백향목 같이 성장하리로다 이는 여호와의 집에 심겼음이여 우리 하나님의 뜰 안에서 번성하리로다 그는 늙어도 여전히 결실하며 진액이 풍족하고 빛이 청청하니 여호와의 정직하심과 나의 바위 되심과 그에게는 불의가 없음이 선포되리로다"(시 92:12~15)

■■■ **신앙고백** : 다함께
■■■ **찬   송** : 220장〈통:278장〉/ 다함께
■■■ **대표기도** : 가족 중 한사람
■■■ **성경봉독** : 신명기 5장 16절

"너는 네 하나님 여호와께서 명령한 대로 네 부모를 공경하라 그리하면 네 하나님 여호와가 네게 준 땅에서 네 생명이

길고 복을 누리리라"

■■ 설   교 : 나의 영웅

오늘은 우리 민족 최대의 명절인 팔월 한가위, 추석입니다. 음력 8월 15일을 추석 또는 한가위라고 합니다. 추석은 일 년 중에서 가장 즐거운 명절입니다. 오늘 추석을 맞이하여 지금까지 우리를 보호하시고 인도해 주신 하나님의 사랑을 감사하면서 영웅(英雄)에 대한 말씀을 나누어 보려고 합니다.

영웅의 사전적 의미는 "재지(才智)와 담력과 무용(武勇)이 특별히 뛰어난 인물"이나 "보통 사람으로는 엄두도 못낸 큰일을 이룩하여 칭송을 받는 사람"입니다. 그런데 다른 사람에게는 영웅이 아닐지라도 내게는 영웅이 될 수 있는 사람이 있습니다. 바로 나의 부모님입니다.

오늘 추석 명절을 맞아 부모님이 왜 나의 영웅이 될 수 있는지 잠깐 말씀을 증거하고자 합니다.

첫째, 오늘의 나를 있게 했기에 나의 영웅입니다.

아이들도 영웅을 좋아합니다. 아이들이 좋아하는 영웅은 그들의 우상이자 장래 희망이기도 합니다. 한국인 중 미국 메이저리그에 최초로 진출했던 「박찬호」 선수는 전설적인 광속구 투수인 「놀란 라이언」이 자신의 영웅이었다고 했습니다. 그래서 박찬호 선수는 놀란 라이언 같은 대투수가 되려는 꿈을 안고 부단히 노력한 끝에 마침내 그 꿈을 이루어낼 수가 있었습니다. 부모님은 비록 세상 사람들의 칭송을 받을 만한 업적을 쌓지는 못했을지라도 오늘의 나를 있게 하신 분입니다. 세상에는 잘나고 훌륭하고 위대한 사람들이 많지만 그들이 나를 아기 때부터 지금까지 키워주고 보살펴 주지는 않습니다. 나를 이 자리에 있게 한 분은 부모님이십니다. 그러므로 부모님이야말로 진정한 나의 영웅이라고 할 수 있습니다.

둘째, 나를 위해 희생했기에 나의 영웅입니다.

세상에서 영웅이 칭송을 받는 가장 큰 이유는 희생정신에 있습니다. 조선시대 이순신 장군이 지금까지 영웅으로 칭송을 받는 이유는 자신의 희생을 무릅쓰고 나라를 지켰기 때문입니다. 그러므로 진정한 영웅은 자신을 희생하는 사람입니다.

나의 부모님은 세상의 그 누구보다도 나를 위해 희생하신 분입니다. 나를 키우시느라 태어날 때부터 물불을 가리지 않고 지극한 정성을 쏟으셨습니다. 세상의 그 어떤 영웅이 나를 위해 이런 희생을 할 수 있겠습니까? 따라서 나를 위해 희생하신 부모님이야말로 진정한 나의 영웅입니다. 다른 사람에게는 영웅이 아닐지라도 내게는 영웅입니다. 부모님의 희생 덕분에 내가 이렇게 자랄 수 있었기 때문입니다.

사람들은 어릴 때는 부모님을 영웅으로 생각하다가 크고 나서는 영웅의 대상이 바뀐다고 합니다. 그러다가 철이

들고 부모님의 사랑을 깊이 알고 나서는 영웅의 대상이 다시 부모님으로 바뀐다고 합니다. 그러므로 부모님을 영웅으로 삼는 사람은 부모님의 사랑을 아는 사람이요 부모님을 공경하는 사람입니다. 아무쪼록 우리 모든 가족은 부모님을 나의 영웅으로 삼고 공경하는 효자, 효녀가 되시기를 주님의 이름으로 기원합니다.

■■ **기   도** : 설교자

자비로우신 하나님, 오늘 추석 명절을 맞아 저희 가족이 한자리에 모여 하나님께 감사의 예배를 드리면서 주신 말씀을 묵상했습니다. 저희의 진정한 영웅은 부모님이라는 것을 다시 한 번 깨닫습니다. 그 부모님을 잘 공경하고, 순종하며, 효를 다할 수 있는 저희 가족들이 되게 하여 주옵소서. 예수 그리스도의 이름으로 기도합니다. 아멘

■■ **찬   송** : 579장〈통:304장〉/ 다함께
■■ **추모묵도** : 고인을 추모하는 묵도
■■ **주기도문** : 다함께

• 메모

추석 추모(감사)예배(5)

화목한 가정

■■■ 개식사

지금부터 추석 명절을 맞이하여 하나님 앞에 예배를 드리겠습니다.

다함께 묵도함으로 예배를 시작합니다.

> • **송영**(인도자가 천천히 낭독한다)
>
> "여호와여 주의 이름이 영원하시니이다 여호와여 주를 기념함이 대대에 이르리이다 여호와께서 자기 백성을 판단하시며 그의 종들로 말미암아 위로를 받으시리로다"(시 135:13~14)

- ■■■ **신앙고백** : 다함께
- ■■■ **찬 송** : 301장〈통:460장〉/ 다함께
- ■■■ **대표기도** : 가족 중 한사람
- ■■■ **성경봉독** : 잠언 17장 1절

"마른 떡 한 조각만 있고도 화목하는 것이 제육이 집에 가득하고도 다투는 것보다 나으니라"

설　　교 : 화목한 가정

오늘은 추석 명절입니다. 한가위라고도 합니다.

오늘 우리 민족의 고유명절인 추석을 맞아 행복한 가정에 대하여 잠깐 생각해 보며 주님이 주시는 소중한 교훈을 받고자 합니다.

한마디로 말해서 행복한 가정은 화목한 가정입니다. 아무리 재산이 많고 가족들이 모두 사회에서 잘 나갈지라도 화목하지 않은 가정은 행복하다고 할 수 없습니다.

오늘 본문 말씀이 이를 증거하고 있습니다. 그러면 우리가 화목한 가정을 이루려면 어떻게 해야 하겠습니까? 많은 것을 들 수 있겠지만 중요한 것 두 가지를 말씀드리고자 합니다.

첫째, 잘못을 자기 탓으로 돌리는 것입니다.

본문 말씀에 의하면 마른 떡 한 조각만 있고도 화목하는 것이 제육이 집에 가득하고도 다투는 것보다 낫다고 했는데 이 말씀은 화목의 반대말은 다툼임을 보여 주고 있습니다. 사람들 사이에서 다툼이 일어나는 주요 원인은 잘되는 것은 자기 탓, 못되는 것은 남의 탓으로 돌리는 것에 있습니다. 이것은 가정에서도 예외가 아닙니다. 가족들이 어떤 잘못을 다른 식구 탓으로 돌리며 자신의 정당함을 강변한다면 이에서 다툼이 발생하고 말 것입니다. 다툼은 가족간의 분열을 가져옵니다. 그러므로 우리가 가족들과 다툼을 피하려면 잘못을 따지는 것을 피해야 하고, 남의 탓이 아닌 자기 탓으로 돌리는 자세를 가져야 합니다. 모든 가족이 이와 같이 행한다면 그 가정은 분명히 화목할 것입니다.

둘째, 서로에게 소금이 되는 것입니다.

예수님은 "소금은 좋은 것이로되 만일 소금이 그 맛을 잃으면 무엇으로 이를 짜게 하리요 너희 속에 소금을 두고 서로 화목하라"(막 9:50)고 말씀하셨습니다. 이 말씀은 서로에게 소금이 되는 것이 가정의 화목을 가져오는 방법이라는 교훈을 주고 있습니다. 소금의 효능이 무엇입니까? 많은 것이 있는데 대표적으로 부패를 방지하는 것과 음식에 맛을 내는 것입니다. 예수님이 "너희는 세상의 소금"(마 5:13)이라고 말씀하신 것도 소금의 이런 효능을 염두에 두신 것입니다.

그런데 소금이 효능을 발휘하려면 녹아서 없어져야 합니다. 음식에 소금을 칠 때 소금이 음식에 스며들지 않고 그대로 남아 있으면 음식의 맛을 내거나 부패를 방지하는 것을 제대로 할 수 없습니다. 이처럼 소금은 자기를 희생하여 남을 유익하게 하는 물질입니다. 그러므로 가족들이 서로에게 소금이 된다는 것은 자기를 희생하고 나보다 다른 식구들의 유익을 도모하는 것입니다. 이처럼 가족들이 서로를 위해 희생하는 가정은 다툼이 있을 수 없습니다. 예수님의 교훈을 따라 가족들이 소금을 두고 화목한다면 행복한 가정을 이룰 수 있습니다.

예수님은 하나님과 원수 된 우리 인간들로 하여금 하나

님과 화목하게 하시려고 이 땅에 오셔서 십자가를 지신 분입니다. 그러므로 예수님을 따르는 우리 그리스도인은 화목을 이루는 사람이 되어야 합니다. 무엇보다 가정의 화목을 이루어야 합니다. 아무쪼록 모든 식구들이 오늘 주신 말씀을 마음에 새기고 행함으로 화목한 가정을 이루기를 간절히 바랍니다.

■■ **기　　도** : 설교자

화목을 이루신 주님, 오늘 주신 말씀대로 저희 모두가 화목한 가정을 이룰 수 있게 하옵소서. 잘못을 자기 탓으로 돌릴 줄 알게 하시고, 소금과 같이 자기 희생을 통하여 나보다 다른 식구들의 유익을 도모할 수 있게 하옵소서. 그리하여 화목한 가정, 행복한 가정을 이룰 수 있게 하옵소서. 예수 그리스도의 이름으로 기도합니다. 아멘

■■ **찬　　송** : 212장〈통:347장〉/ 다함께
■■ **추모묵도** : 고인을 추모하는 묵도
■■ **주기도문** : 다함께

• 메모

추석 추모(감사)예배(6)

신앙의 대 잇기

■■■ 개식사

지금부터 추석 명절을 맞이하여 하나님 앞에 예배를 드리겠습니다.

다함께 묵도함으로 예배를 시작합니다.

> • **송영**(인도자가 천천히 낭독한다)
>
> "여호와여 주께서 지으신 모든 것들이 주께 감사하며 주의 성도들이 주를 송축하리이다 그들이 주의 나라의 영광을 말하며 주의 업적을 일러서 주의 업적과 주의 나라의 위엄 있는 영광을 인생들에게 알게 하리이다" (시 145:10~12)

■■■ 신앙고백 : 다함께
■■■ 찬　　송 : 304장〈통:404장〉/ 다함께
■■■ 대표기도 : 가족 중 한사람
■■■ 성경봉독 : 사사기 2장 6~15절

"~여호수아가 사는 날 동안과 여호수아 뒤에 생존한 장로들 곧 여호와께서 이스라엘을 위하여 행하신 모든 큰 일을 본 자들이 사는 날 동안에 여호와를 섬겼더라 〈후략〉"

■■■ 설　　교 : 신앙의 대 잇기

이스라엘 민족이 가나안 땅에 정착한 후 왕정시대가 도래하기 전에 이스라엘을 다스렸던 시대를 사사시대라고 합니다. 그런데 이스라엘의 역사에서 사사시대는 이스라엘의 범죄와 이방 민족의 압제가 끊임없이 반복되었던 암울한 시대였습니다. 그러면 이스라엘 민족이 하나님의 은혜로 가나안 땅을 정복하고 그 땅에서 살게 되었건만 왜 평화를 누리지 못하고 이런 불행을 겪어야 했을까요? 오늘 민족 고유 명절인 추석을 맞아 하나님께서 우리 가정에 주신 귀한 축복의 교훈을 받고자 합니다.

첫째, 이스라엘의 불행은 신앙의 대 잇기가 실패한 데 있습니다.

하나님은 이스라엘과 언약을 맺으실 때 이스라엘 백성들이 당신을 잘 섬기면 복을 내리겠지만 그렇지 않으면 화(禍)를 내리시겠다고 하셨습니다. 그 언약의 내용을 문서로 기록한 것이 바로 모세율법입니다. 그런데 이스라엘은 시간이 흐르면서 하나님을 잘 섬기지 않았습니다. 그래서 하나님은 이스라엘로 하여금 이방 민족의 압제를 수없이 당하도록 하셨습니다.

그런데 사사시대의 이스라엘이 하나님을 잘 섬기지 않은 것은 신앙의 대 잇기가 실패한 데 따른 것입니다. 본문의 말씀대로 여호수아가 생존한 날 동안의 세대들은 하나님을 잘 섬겼습니다. 그러나 그 다음에 일어난 세대는 하나님을 알지 못하고 하나님이 이스라엘을 위해 행하신 일도 알지 못하여서 결국 우상숭배에 빠지고 말았습니다.

이 같은 결과가 발생한 이유는 이스라엘 백성들이 후손들에게 신앙을 이어주지 못한 데 있습니다. 신앙의 대 잇기 실패가 결국 이스라엘로 하여금 하나님께 범죄하게 하고 그 보응으로 이방민족의 압제를 당하는 재앙을 받아야 했던 것입니다.

둘째, 신앙의 대를 이으려면 부모의 책임이 중요합니다.

오늘 본문의 말씀은 신앙교육에 있어서 부모의 책임이 얼마나 중요한지 보여주고 있습니다. 하나님은 가나안 땅에 들어가는 이스라엘 백성들에게 당신이 명하는 말씀을 마음에 새기고 자녀에게 부지런히 가르칠 것을 말씀하셨습니다(신6:6~7). 이스라엘이 신앙의 대 잇기에 실패한 것은 부모들이 이 같은 하나님의 명령을 제대로 준수하지 않았기 때문입니다. 하나님은 신앙교육의 책임을 부모에게 맡기셨습니다. 물론 오늘날에는 교회가 자라나는 세대에 대한 교회교육을 실시하지만 그렇다고 부모가 자녀에 대한 신앙교육을 하지 않는다면 자녀의 신앙이 바르게 성장한다는 것은 어려운 일입니다. 그만큼 가정에서 부모를 통한 신앙교육이 무척 중요한 것입니다.

이스라엘의 사사시대의 비극은 신앙의 대 잇기가 얼마나 중요한지를 우리에게 교훈하고 있습니다. 오늘 우리 가족도 신앙의 대를 이어서 자자손손 하나님을 잘 섬기게 하려면 부모의 책임이 가장 중요하다는 것을 잊지 말아야 하겠습니다. 아무쪼록 부모로서 신앙의 본을 잘 보이고, 자녀에 대한 신앙교육의 책임을 다하여서 대대로 하나님을 잘 섬기며 하나님의 큰 복을 받아 누리는 명문 가정을 이루기를 바랍니다.

기　　도 : 설교자

자비로우신 하나님, 추석 명절을 맞아 신앙의 대 잇기가 얼마나 중요한지를 묵상했습니다. 오늘날도 사사시대처럼 세대가 바뀌면서 하나님을 바르게 섬기는 신앙관이 흐려지고 있습니다. 저희 가족 모두는 신앙의 대를 잘 이어서 대대로 하나님을 잘 섬기며 큰 복을 받아 누릴 수 있게 하옵소서. 예수 그리스도의 이름으로 기도합니다. 아멘

찬　　송 : 312장〈통:341장〉/ 다함께
추모묵도 : 고인을 추모하는 묵도
주기도문 : 다함께

• 메모

추석 추모(감사)예배(7)

행복이 있는 가정

■■■ 개식사

지금부터 추석 명절을 맞이하여 하나님 앞에 예배를 드리겠습니다.

다함께 묵도함으로 예배를 시작합니다.

> • 송영(인도자가 천천히 낭독한다)
>
> "사랑하는 자들아 우리가 서로 사랑하자 사랑은 하나님께 속한 것이니 사랑하는 자마다 하나님으로부터 나서 하나님을 알고 사랑하지 아니하는 자는 하나님을 알지 못하나니 이는 하나님은 사랑이심이라"
> (요일 4:7~8)

- **신앙고백** : 다함께
- **찬　　송** : 559장〈통:305장〉/ 다함께
- **대표기도** : 가족 중 한사람
- **성경봉독** : 잠언 15장 13~17절

"마음의 즐거움은 얼굴을 빛나게 하여도 마음의 근심은 심령을 상하게 하느니라 명철한 자의 마음은 지식을 요구하고 미련한 자의 입은 미련한 것을 즐기느니라 고난 받는 자는

그 날이 다 험악하나 마음이 즐거운 자는 항상 잔치하느니라〈후략〉"

설   교 : 행복이 있는 가정

사람들이 명절 때마다 교통지옥을 감수하면서까지 고향을 찾는 것은 피를 나눈 혈육의 소중함 때문일 것입니다. 그런 소중한 혈육으로 이루어진 가족은 행복한 가정을 이루어가야 마땅할 것입니다. 그러면 행복은 어떤 가정에 임하는 것일까요? 추석 명절 아침에 하나님께 감사의 예배를 드리면서 이에 대해 잠깐 생각해 보려고 합니다.

첫째, 마음의 즐거움입니다.

본문 말씀 13절에 "마음의 즐거움은 얼굴을 빛나게 하여도 마음의 근심은 심령을 상하게 하느니라"고 말씀합니다. 또 15절에는 "고난 받는 자는 그날이 다 험악하나 마음이 즐거운 자는 항상 잔치하느니라"고 말씀합니다. 이 말씀은 우리가 행복한 삶을 살아감에 있어서 마음의 즐거움이 얼마나 중요한 요소인지 잘 보여주고 있습니다. 우리는 매스컴을 통하여 자살하는 사람의 소식을 자주 듣습니다. 자살을 택하는 사람들의 근본적인 이유는 마음의 즐거움을 잃어버렸기 때문입니다. 그러면 마음의 즐거움은 어떻게 얻을 수 있는 것일까요? 시편 기자는 "주의 앞에는 충만한 기쁨이 있고 주의 오른쪽에는 영원한 즐거움이 있나이다"라고 고백했습니다(시 16:11). 말하자면 기쁨과 즐거움은 하나님이 주시는 것임을 증거한 것입니다. 그러므로 우리 모든 가족이 마음의 기쁨과 즐거움 속에서 행복한 가정을 이루려면 언제나 하나님을 가까이하는 삶을 살아야만 합니다.

둘째, 하나님을 경외하는 것입니다.

본문 말씀 16절에 "가산이 적어도 여호와를 경외하는 것이 살진 소를 먹으며 서로 미워하는 것보다 나으니라"고 말씀합니다. 즉 가난하게 살아도 하나님을 경외하는 가정이 부요하게 살아도 재산문제로 다투는 가정보다 행복하다는 것입니다. 우리 인간의 행복은 물질의 부요함에서 오는 것이 아닙니다. 우리 인간의 행복은 근본적으로 하나님을 경외하는 데서 옵니다. 그래서 시편 기자도 "여호와를 경외하며 그의 길을 걷는 자마다 복이 있도다"고 증거했습니다(시128:1). 그러므로 우리 가정의 행복을 위하여 하나님을 잘 경외하는 삶을 살아야만 하겠습니다.

셋째, 서로 사랑하는 것입니다.

본문 말씀 17절에 "채소를 먹으며 사랑하는 것이 살진 소를 먹으며 서로 미워하는 것보다 나으니라"고 말씀합니다. 즉 가난하게 살아도 서로 사랑하는 것이 가정이 부유해도 서로 미워하는 가정보다 더 행복하다는 뜻입니다. 그러므로 우리가 세상에서 행복한 삶을 살아가려면 비록 물질적으로 부유하지는 못해도 가족들이 서로 사랑하며 살아가는 가정을 이루기를 힘써야 합니다. 우리 인간은 서로 사랑을 주고받을 때 행복을 누리는 존재로 지음을 받았기 때문에 서로 사랑하며 살아야 행복할 수 있습니다. 부모님의 간절한 소원도 모든 자식들이 서로 의좋게 오손도손 사랑하며 살아가는 것일 겁니다. 아무쪼록 우리 모든 가족은 예수 그리스도를 믿는 신앙 안에서 행복한 가정을 만들어 가기를 축복합니다.

■■ **기　　도** : 설교자

　사랑이 많으신 하나님, 추석 명절을 맞아 행복한 가정을 이루는 것에 대하여 잠시 생각해 보았습니다. 저희 모든 가족이 행복한 가정을 이룰 수 있도록 오늘 주신 말씀을 마음판에 새기게 하여 주옵소서. 하나님을 가까이하고 경외하며, 서로 사랑하기에 힘쓰게 하옵소서. 예수 그리스도의 이름으로 기도합니다. 아멘

■■ **찬　　송** : 40장〈통:43장〉/ 다함께
■■ **추모묵도** : 고인을 추모하는 묵도
■■ **주기도문** : 다함께

• 메모

여호와여 주의 이름이 영원하시니이다
여호와여 주를 기념함이 대대에 이르리이다
여호와께서 자기 백성을 판단하시며
그의 종들로 말미암아 위로를 받으시리로다
(시 135:13~14)

부록

 추모예배 대표기도문

Prayer_
부모님 기일 추모기도(1)~(7)
남편, 아내 기일 추모기도(1), (2)
형제 기일 추모기도(1), (2)
자녀 기일 추모기도(1), (2)
교우 기일 추모기도(1)~(3)
초신자 가정 추모기도
불신자 가정 추모기도
성묘 추모기도(첫 성묘)
성묘 추모기도(일반)
새해, 설날 추모기도(1)~(3)
추석 추모기도(1)~(3)

※ 추모예배와 기도에 참고할 성구 모음

부모님 기일 추모기도(1)

주 안에서 죽은 자는 복되다고 하신 하나님!

오늘 이 시간 ○년 전에 주님 품으로 불려갔던 고인의 추모일을 맞이하여 주님께 예배를 드립니다.

하나님께서 고인을 눈물과 슬픔뿐인 이 세상에서 기쁨의 나라로, 흑암의 세상에서 영광의 나라로 옮기신 것을 믿고 감사드립니다. 또한 지금까지 고인의 자손인 저희들과, 고인과 정들었던 모든 분들을 믿음 안에서 붙들어 주시고 인도해 주신 것을 감사드립니다.

소망의 주님!

여기에 있는 저희들, 산 자와 죽은 자 모두에게 하늘의 영원한 은총을 베풀어 주셔서 주님의 영광을 찬양하게 하옵소서. 주님이 저희의 곁에 계심을 믿음으로 확인하고 새 소망으로 넘치게 하시며, 실의에 빠진 이에게는 눈을 들어 새 하늘과 새 땅을 바라보게 하옵소서. 땅 위의 것을 보고 실망하지 않게 하시고, 바로 지금 눈을 들어 부활의 주님을 바라보게 하옵소서.

오늘 주시는 말씀을 통하여 저희 모두가 다시 한 번 주님의 심판과 부활을 확신하며 소망을 굳게 할 수 있게 하여 주옵소서.

고인을 추모하며 하나님의 은혜에 감사할 수 있는 이 자리를 허락하신 하나님께 다시금 감사드리며 예수 그리스도의 이름으로 기도합니다. 아멘

부모님 기일 추모기도(2)

산 자와 죽은 자의 주님이 되신 하나님!

저희로 하여금 주님의 은혜를 힘입어 죽음과 절망의 어두운 그늘 속에서도 영원한 소망을 가지고 살게 하심을 감사드립니다. 오늘은 이미 하나님 나라의 백성이 된 고인을 아브라함의 품으로 부르신 그날을 당하여 추모예배로 모였습니다. 고인에게 영원한 안식을 허락하신 은총을 감사하오며, 오늘까지 저희 가족들을 믿음 안에서 붙들어 주시고 이끌어 주신 것을 감사드립니다.

거룩하신 하나님!

우리조차 삶과 죽음, 이곳과 저곳으로 갈라져 있었사오나 하나님의 은총 아래로 지나온 것을 더욱 감사드립니다. 그러나 고인이 하시던 큰 뜻을 이루어드리지 못한 부족을 용서하여 주옵소서. 여기에 모인 저희들에게 영원한 은총을 베풀어 주셔서 저희를 인도하던 고인을 생각하며 그의 행실을 보고 그 믿음을 본받고 따를 수 있게 하옵소서.

자비로우신 하나님!

저희 모두가 이 땅을 살아가는 동안 땅 위의 것을 보며 실족하지 않게 하시고, 새 하늘과 새 땅을 소망하며 믿음으로 달려갈 수 있게 하옵소서. 지금도 부활의 주님이 저희 곁에 계셔서 격려하며 응원하고 계심을 믿습니다. 그 주님을 경험하는 시간이 되게 하옵소서. 죄와 사망의 문제를 해결해 주신 예수 그리스도의 이름으로 기도합니다. 아멘

부모님 기일 추모기도(3)

영원부터 영원까지 변함없는 사랑으로 저희들을 인도하신 하나님께 감사를 드립니다. 오늘 고인의 기일을 맞이하여 온 가족이 모여 하나님의 은혜를 감사하며 예배를 드립니다. 홀로 영광 받으시옵소서.

살아계신 주님!

오늘날 저희들이 있기까지 고인을 통하여 베풀어 주신 사랑이 얼마나 컸는지를 지금에 와서야 깨닫습니다. 어리고 철이 없었던 저희들을 먹이시고 기르시기 위하여 정작 당신 자신을 위해서는 너무나 인색하셨던 고인이셨습니다. 살아생전에 빈자리를 몰랐는데 이제는 그 사랑이 너무나 그리워집니다.

하나님 아버지!

고인의 그 사랑을 다시금 기억하면서 저희 남은 가족들이 더욱 화목하게 하옵소서. 주님께서 주신 믿음을 잃지 않게 하시고 더욱 굳건하게 뿌리내리게 하옵소서. 부모님을 통하여 베풀어 주신 주님의 사랑을 잊지 않게 하시고 각자 있는 위치에서 그리스도인으로 사랑을 실천하며 부끄럽지 않는 삶을 살아가게 하옵소서. 그래서 각자의 가정에서 찬양과 감사가 넘치게 하옵소서.

부모님을 통하여 베풀어 주신 사랑과 은혜를 다시금 감사드리며 예수 그리스도의 이름으로 간절히 기도합니다. 아멘

부모님 기일 추모기도(4)

사랑이 많으시고 자비하신 하나님 아버지!

이 시간 우리가 하나님의 부르심을 받고 주님 품에서 안식하고 계신 고인의 기일을 맞아 추모하며 하나님께 감사하고자 모였습니다.

주님!

고인을 먼저 떠나보낼 때는 슬프고 아픈 마음이 컸지만 오직 하나님을 의지하여 위로를 얻고 굳건히 신앙생활하는 저희 가족들에게 하늘의 평안을 더하여 주실 것을 믿습니다.

오늘 고인의 추모예배를 드리는 이 자리에 성령님께서 우리의 마음을 감동, 감화시켜 주옵소서. 이 땅의 썩어질 것들에 낙심하지 말고 하늘의 신령한 것을 사모하며 하늘에 상급을 쌓는 복되고 지혜로운 가족들이 되게 하여 주옵소서.

온 가족들이 고인의 생전을 기억하고 그 유지를 받들어 항상 주의 날을 사모하며 그날을 바라볼수록 더욱 근신하며 주의 일에 더욱 힘쓰는 사람들이 되게 하여 주옵소서.

가족들이 하나님의 복을 받아 영혼이 잘됨같이 범사가 잘되고 강건하며, 꾸어 줄지라도 꾸지 않으며 나누고 베풀어 하늘에 상급을 쌓는 복된 자들이 되게 하여 주옵소서.

오늘 주시는 말씀을 통하여 하나님의 구원하심을 다시금 경험하게 하실 것을 믿사옵고 예수 그리스도의 이름으로 기도합니다. 아멘

부모님 기일 추모기도(5)

은혜와 사랑이 풍성하신 하나님 아버지!

오늘 고인의 기일을 맞이하여 저희 온 가족이 모여 고인이 남기고 간 믿음의 자취를 더듬어 생각할 수 있는 추모예배를 드리게 하시니 감사드립니다.

주님께서 이미 고인에게 영원한 안식을 허락하신 줄 믿고 먼저 감사를 드립니다.

이 시간 추모예배로 모인 저희들에게 함께하셔서 생명이 있는 날 동안 하나님을 부지런히 섬기어 믿음과 선행의 아름다운 발자취를 남길 수 있게 하옵소서. 땅에 속한 육신의 사람이 아니라 하늘나라에 속한 주님의 택함을 받은 백성으로 살아가게 하옵소서.

자비로우신 하나님!

오늘 고인을 추모하는 저희 가정의 모든 식구들과 일가친척들에게 한없는 은혜를 내려 주셔서 고인이 평소에 못다 이룬 업적을 계승하게 하시고, 고인의 기도제목을 저희 가정의 기도제목으로 이어받아 순종하며 살아가게 하옵소서.

이 시간 성경을 통하여 주시는 하나님의 말씀에 큰 위로가 있게 하시고, 주님의 나라를 더욱 사모할 수 있는 은혜의 자리가 되게 하옵소서. 예수 그리스도의 이름으로 기도합니다.

부모님 기일 추모기도(6)

영원부터 영원까지 살아계셔서 인간의 생사화복을 주장하시는 하나님 아버지!

오늘 고인을 주님 나라로 불러 가신 날을 맞아 고인을 기억하며 추모예배를 드릴 수 있게 하시니 감사드립니다. 또한 이 날을 기념하기 위하여 이곳에 모인 저희 가족들과 친족들을 긍휼히 여기셔서 주님의 위로와 하늘의 평강으로 충만하게 채워 주시기를 간구합니다.

자비로우신 하나님 아버지!

연약한 저희들이 하나님과 사람 앞에 부족했던 모든 허물을 용서하여 주옵소서. 저희들이 하나님 앞에서뿐 아니라 육신의 부모님에게도 잘못한 것이 무수히 많았음을 고백하며 통회하오니 사하여 주시고 더욱 굳센 신앙으로 채워 주셔서 자손만대로 하나님의 복과 은혜를 누릴 수 있게 하옵소서.

소망의 하나님!

저희들로 하여금 땅만 내려다보고 슬퍼하지 않게 하시고 하늘을 바라보며 영원한 소망을 가질 수 있게 하여 주옵소서. 마지막 날에 주님의 심판과 부활을 확신하며 주님의 나라를 더욱 사모할 수 있도록 도와주옵소서.

이 시간 말씀을 통하여 주시는 주님의 교훈과 가르침을 잘 받을 수 있는 은혜의 자리가 되게 하실 것을 믿고 산 소망이 되시는 예수 그리스도의 이름으로 기도합니다. 아멘

부모님 기일 추모기도(7)

사랑이 많으신 하나님 아버지!

저희가 지금 고인의 기일을 맞아 과거를 추모하면서 하나님께 예배드리기 위하여 가족들과 친지와 교우들이 한자리에 모였습니다. 홀로 영광을 받으시고 주님의 위로하심과 평안이 가득 넘치게 하실 것을 믿습니다.

사랑의 많으신 하나님 아버지!

이 시간을 통하여 저희 모든 가족들이 고인이 과거에 살아계실 때 행한 일들을 다시 한 번 기억하기를 원합니다. 그가 하고자 하였으나 하지 못한 것들이 있다면 저희 자손들로 하여금 성취할 수 있게 하여 주옵소서. 더욱이 영적인 것에 관계된 일이라면 그가 못다 이룬 믿음의 업적을 계승할 수 있는 저희 자손들이 되게 하여 주옵소서.

은혜로우신 하나님!

주님이 말씀하신 것처럼 사람의 일생은 하루아침에 없어지는 안개와 같음을 깨닫습니다. 모든 육체는 풀과 같고 그 모든 영광은 풀의 꽃과 같음을 깨닫습니다. 그러므로 육체와 영광도 꽃처럼 떨어짐을 기억하여 영원히 떨어지지 않는 하늘에 소망을 두고 살아가는 저희 가족들이 되게 하여 주옵소서.

이 믿음으로 굳건히 살아 주님 나라에 먼저 가신 고인을 부끄럼 없이 만날 수 있게 하여 주옵소서. 예수 그리스도의 이름으로 기도합니다. 아멘

남편 · 아내 기일 추모기도(1)

사랑과 자비가 풍성하신 하나님 아버지!

오늘 고인의 기일을 맞아 하나님께 추모예배를 드립니다. 사랑하는 사람을 먼저 하늘나라로 보낸 후 홀로 쓸쓸한 시간을 보내온 배우자의 마음을 기억하셔서 주님의 크신 위로를 더하여 주시기를 원합니다.

고인의 빈자리를 주님이 대신하여 주셔서 식사할 때나, 일을 할 때나, 잠자리에 들 때도 언제나 외롭지 않도록 붙들어 주옵소서. 아직도 고인을 먼저 떠나보낸 그 마음이 무척이나 힘들겠지만, 머잖아 천국에서 다시 만날 것을 소망하면서 믿음으로 잘 이겨나갈 수 있게 하옵소서.

주님!

고인이 남긴 아름다운 믿음의 업적이 있을 것입니다. 그 업적을 잘 계승할 수 있도록 배우자와 모든 자녀들에게 큰 믿음을 허락하여 주옵소서. 고인의 마음처럼 하나님을 잘 섬길 수 있게 하시고, 고인의 충성처럼 주님의 교회를 위하여 열심을 다할 수 있게 하여 주옵소서.

또한 자녀들은 이 땅에 홀로 남아 있는 부모님이 쓸쓸하거나 외롭지 않도록 효를 다할 수 있게 하시고, 기쁨과 보람을 안겨 드릴 수 있는 축복의 자녀들이 되게 하여 주옵소서. 이 시간, 주님의 크신 은총이 함께하실 것을 믿사옵고 예수 그리스도의 이름으로 기도합니다. 아멘

남편 · 아내 기일 추모기도(2)

깊은 수렁에서 건지시고 크신 팔로 지키시는 하나님 아버지!

주님의 부름을 받아 세상을 먼저 떠난 고인의 기일을 맞아 그를 추모하며 하나님께 예배를 드립니다. 저희의 마음을 받아 주셔서 크신 위로를 더하여 주옵소서.

지금 고인의 영혼은 주님 품에 거하며 영원한 나라에서 영생을 누리고 있는 줄 믿습니다. 원하옵기는 이 땅에 홀로 남겨진 배우자를 기억하여 주옵소서. 고인의 빈자리가 얼마나 큰지 우리 주님께서 아시오니 외롭지 않도록 벗이 되어 주시고 친구가 되어 주시기를 원합니다.

삶의 의욕을 잃지 않도록 숨 쉬는 순간마다 주의 성령께서 그 마음을 주장하여 주시고 이끌어 주옵소서. 또한 편부모 밑에서 성장하고 있는 자녀들을 기억하여 주옵소서. 아버지(어머니)가 안 계심으로 인하여 마음의 상처를 받거나 서러운 일이 발생하지 않도록 우리 주님이 크신 사랑으로 감싸 주시기를 원합니다.

주님!

이 험한 세상에서 이 가정을 보호하여 주시고, 소망의 빛을 더욱 강하게 비춰 주옵소서. 연약해지지 않도록 주님의 능력의 오른팔로 강하게 붙들어 주실 것을 믿습니다. 이 예배를 드릴 수 있게 하심을 감사하오며 위로와 소망을 주시는 예수 그리스도의 이름으로 기도합니다. 아멘

형제 기일 추모기도(1)

영원한 소망과 생명의 주인 되신 하나님 아버지!

고인이 이 세상을 떠난 지 ○년의 시간이 지났습니다. 오늘 온 가족들이 하나님 앞에 추모예배를 드리려 모였습니다. 성령님께서 친히 저희 가운데 함께하심을 믿습니다. 저희는 가족들과 아름다운 시간을 보냈던 고인을 추억하며 이 예배에 참여하고 있습니다. 주님의 크신 위로와 평안을 간구합니다.

주님!

오직 예수 안에서 살았던 고인이었습니다. 저희들도 같은 믿음을 가지고 승리의 삶을 살다가 천국에서 고인을 만나길 소원합니다. 하지만 아직도 예수님을 알지 못하는 가족이 있습니다. 온 가족이 구원을 받고 주님을 섬기는 것이 생전의 고인의 간절한 소원이었습니다.

하나님께서 은혜를 베푸셔서 주님을 사모하는 마음을 주시고, 십자가의 사랑을 깨닫고 주님을 구주로 영접할 수 있게 하옵소서. 모든 가족이 하나님을 섬기며 한 소망 안에서 영광스러운 복음사역을 이루어갈 수 있게 하옵소서.

이 자리에 있는 모든 가족들에게 건강의 복을 더하셔서 질병 때문에 고통당하는 일이 없게 하시고 범사에 감사할 수 있는 삶이 되게 하옵소서. 저희의 생사화복을 주장하시는 예수 그리스도의 이름으로 기도합니다. 아멘

형제 기일 추모기도(2)

사랑으로 위로하시는 주 여호와 하나님 아버지!
주님의 크신 위로가 저희 가운데 함께하심을 믿습니다. 오늘 고인의 기일을 맞아 저희 가족이 한 자리에 모였습니다. 하나님께 예배하며 소망을 굳게 세우고자 하오니 성령님이 인도하여 주옵소서.

주님의 부르심을 받아 세상을 떠난 고인은 천국에서 주님의 품에 거하며 영생을 누리고 있는 줄 믿습니다. 하지만 고인을 떠나보낸 슬픔과 아픔이 아직도 저희 가족에겐 그대로 남아 있사오니 치유의 은혜를 내려주시기를 원합니다. 하루빨리 아픔과 슬픔을 극복하여 고인이 남기고 간 믿음생활을 잘 이어갈 수 있게 하옵소서.

생명이 있는 날 동안 하나님을 잘 섬겨서 믿음과 선행의 아름다운 발자취를 남기는 삶이 되게 하옵소서. 또한 고인이 평소에 하나님 앞에 부르짖던 기도의 제목들을 이어받아 저희 가족 모두가 주님의 뜻을 이루는 삶이 되게 하옵소서. 또한 저희 가족 모두가 더욱 사랑으로 하나를 이루고 화목하여 고인이 남겨 놓은 부모님께 못다 한 효를 다해 나갈 수 있게 하옵소서.

세상이 줄 수 없는 평안을 주시고 크신 위로로 상한 심령을 감싸 안으시는 예수 그리스도의 이름으로 기도합니다. 아멘

자녀 기일 추모기도(1)

연약한 이에게 힘이 되시고 고통 받는 이에게는 위로가 되시는 하나님 아버지!

오늘 고인의 기일을 맞아 저희들이 한 자리에 모여 하나님께 예배를 드립니다. 고인을 데려가신 하나님의 뜻을 도무지 알 수 없어 절망할 수밖에 없었지만, 저희의 무너진 마음을 다시 일으켜 주셔서 하나님께 예배할 수 있게 하시니 감사드립니다.

자비로우신 하나님!

아직도 고인을 잃은 상처로 얼룩져 있는 저희의 마음을 붙들어 주시기 원합니다. 주님의 피 묻은 손으로 안수하셔서 마음 깊은 곳에 머물고 있는 상처들이 속히 아물 수 있게 하여 주옵소서.

사랑의 주님!

고인이 주님의 부름을 받기 전에 이 땅에서 붙들었던 믿음이 있습니다. 저희들도 주님의 부름을 받을 때까지 이 땅에서 그 믿음을 붙들며 살게 하시고, 고인의 믿음이 헛되지 않도록 주님께 충성과 헌신을 다할 수 있게 하옵소서.

위로하시는 주님!

아직도 눈물이 마르지 않고 있는 부모의 마음을 주님의 넓으신 품으로 감싸 안아 주시고, 장차 고인을 다시 만날 것을 소망하며 믿음으로 인내할 수 있게 하옵소서.

모든 믿는 자의 소망이 되시는 예수 그리스도의 이름으로 기도합니다. 아멘

자녀 기일 추모기도(2)

소망이 되시는 하나님 아버지!

오늘 고인의 기일을 맞아 저희들이 한자리에 모였습니다. 슬픔을 기쁨으로, 절망을 희망으로 바꾸어 주시는 주님이시기에 고인을 기억하며 하나님께 추모예배를 드립니다. 부활의 주님이 이 자리에 강림하셔서 저희의 상한 마음을 위로하여 주옵소서.

아직도 먼저 보낸 고인의 흔적을 지울 수 없어 눈물이 마르지 않는 부모를 기억하여 주옵소서. 고인으로 인하여 행복했던 아름다운 흔적들을 어떻게 지울 수 있겠습니까?

고인에게 기대를 걸었던 부모의 그 아름다운 소망들을 어떻게 날려버릴 수 있겠습니까?

사랑이 많으신 우리 주님이 아직도 마음을 추스르지 못하여 힘들어하는 부모의 마음을 품어 주시고 소망을 갖게 하여 주시옵소서.

절망과 충격의 먹구름이 걷힐 수 있도록 그 마음에 빛이 되어 주시고, 부활의 주님을 굳게 붙들고 믿음으로 달려갈 수 있도록 주님의 오른손으로 굳게 잡아 주시옵소서.

천국에서 다시 만나는 그날까지 고인이 남긴 아름다운 믿음의 흔적들을 이어갈 수 있도록 도와주시옵소서.

꿈속에서라도 고인을 만날 수 있는 위로와 기쁨을 주실 것을 믿사옵고 예수 그리스도의 이름으로 기도합니다. 아멘

교우 기일 추모기도(1)

 인간의 생사화복을 주관하시는 하나님 아버지!
 오늘 저희들이 고 ○○○성도(직분)를 추모하며 하나님께 예배를 드립니다. 저희들의 모든 삶이 주님께로부터 와서 주님께로 돌아감이 인생의 이치임을 압니다. 저희도 모두 가게 될 아버지 나라에 먼저 가 있는 고인을 생각하며 추모예배를 드리오니, 이 시간 주님께서 임하셔서 가족들 위에 함께하시고 주님의 위로와 평강이 넘치게 하옵소서.
 사랑의 주님!
 육신으로 살아가는 이 세상은 안개와 같이 쉬 지나간다고 하셨으니 추모예배를 드리는 저희들 모두 세상 욕심에 빠지지 않게 하시고 세속에 물들지 않도록 인도하여 주옵소서. 우리 하나님의 선하시고 기뻐하시고 온전하신 뜻이 무엇인지 분별하여 승리할 수 있도록 말씀과 성령으로 인도하여 주옵소서. 언제나 주님만을 의지하고 바라며 사랑하며 믿음 안에서 살게 하옵소서.
 특히 추모예배를 드리는 가족들을 주님의 이름으로 축복하셔서 모든 슬픔과 아픔이 구름 걷히듯 사라지게 하시고, 고인의 고귀하고 아름다운 믿음의 유산이 이 가정 대대로 뿌리내리게 하옵소서.
 저희 삶의 모든 것이 주님의 은혜와 사랑임을 깨달으며 살게 하심을 감사드리며 예수 그리스도의 이름으로 기도합니다. 아멘

교우 기일 추모기도(2)

부활이요 생명이신 하나님!

오늘 이 시간 ○년 전에 주님 품으로 부르셨던 고 ○○○ 성도(직분)님의 기일을 맞아 주님께 감사의 예배를 드립니다. 고인을 눈물과 슬픔뿐인 이 세상에서 기쁨의 나라로 옮기신 것을 믿고 감사드립니다. 또한 지금까지 고인의 유족을 돌보아 주시고 믿음 안에서 승리하게 하심을 감사드립니다. 하지만 저희들은 문득 고인의 빈자리가 생각날 때, 허전함과 회한이 밀려옴을 감당키 어려울 때가 있음을 고백합니다. 위로하여 주옵소서.

주님!

사랑하는 남은 가족들을 축복하셔서 생활 가운데 부족함이 없게 하시고 나누고 베풀며 살아갈 수 있도록 은총을 베풀어 주옵소서. 고인의 유지를 잘 받들어 가족 모두가 화목하게 하시고 믿음의 반석 위에 굳게 서게 하옵소서.

사랑의 주님!

저희들이 이 땅을 살아가는 동안 땅 위의 것을 보며 실망하지 않게 하시고 부활의 주님을 바라보며 믿음으로 승리할 수 있게 하옵소서. 오늘 말씀을 전하시는 목사님을 성령으로 붙드시고 선포되는 말씀으로 주님의 심판과 부활과 영생이 저희의 마음 깊은 곳에서 견고해지게 하옵소서.

마음을 다하여 드리는 이 예배를 주님이 홀로 영광 받으실 것을 믿사옵고 예수 그리스도의 이름으로 기도합니다. 아멘

교우 기일 추모기도(3)

사랑이 많으시고 자비가 풍성하신 하나님 아버지!

오늘 고 ○○○성도(직분)님의 ○주기 추모예배로 모이게 하신 것을 감사드립니다. 고인이 세상을 떠난 지 벌써 몇 해가 지났지만 생전에 열심히 살면서 항상 밝고 건강하게 웃으시던 그 모습이 아직도 눈에 선합니다.

고인이 이제는 우리 곁에 계시지 않지만 그의 성실한 삶의 모습과 믿음은 가족들의 마음에 기억되고 있습니다. 유족들은 고인이 돌아가신 후 슬픔과 고통이 컸지만 이제는 아픔과 고통을 이겨내고 주어진 삶에 최선을 다하고 있습니다.

주님!

유족들에게 더욱 큰 믿음을 주셔서 영원히 살아계시고 전지전능하신 하나님을 믿는 믿음 안에서 늘 승리할 수 있게 하여 주옵소서. 특별히 자녀들에게 복을 더하셔서 홀로 계신 아버지(어머니)께 더욱 효도하며 감사할 수 있게 하시고, 부모의 기쁨과 즐거움과 자랑이 되는 축복의 자녀들이 되게 하옵소서.

또한 경영하는 사업에도 복을 더하여 주셔서 물질적으로 주님의 몸 된 교회를 섬기며 나눔의 삶을 실천하는 데 귀하게 쓰임 받는 자녀들이 되게 하옵소서.

언제나 하나님께서 이 가정을 가장 좋은 길로 인도하여 주실 것을 믿사옵고 예수 그리스도의 이름으로 기도합니다. 아멘

초신자 가정 추모기도

은혜로우신 하나님 아버지!

우리 가정에 믿음을 주셔서 감사드립니다. 또한 추모예배를 드릴 수 있는 은혜를 허락하심을 감사드립니다. 올해는 제사 대신 추모예배를 드리기 위해서 많은 설득과 노력이 필요했습니다. 아직도 주님을 영접하지 못한 친척들이 있지만 성령께서 그들의 마음을 감화시켜 주셔서 내년에는 그들도 함께 추모예배를 드리게 하실 것을 믿습니다.

주님!

○○○님이 세상을 떠났을 때 성도들이 베풀어 주신 사랑을 기억하며 감사드립니다. 그 사랑에 힘입어 저희가 이와 같이 예수님을 믿는 가정이 되었습니다. 저희도 남을 도우며 사랑을 베풀기에 힘쓰는 가정이 되게 하옵소서. 또한 저희 가정이 걷는 믿음의 길을 지켜 주옵소서.

심히 부족하고 연약합니다. 흔들리지 않게 하시고 곁길로 가지 않도록 도와주시옵소서. 믿음의 사람 에녹과 같이 주님과 동행하는 삶을 살게 하여 주옵소서.

오늘 저희는 ○○○님이 살아생전에 바르게 살기 위해서 힘쓰던 모습을 기억합니다. 저희 자녀를 위하여 온갖 희생을 마다하지 않으셨던 ○○○님이셨습니다. 저희들도 그 모습을 닮아갈 수 있게 하여 주옵소서. 오늘 하나님께 드리는 이 추모예배를 통하여 또 한 번 주님의 크신 사랑과 은혜를 경험하게 하실 것을 믿고 예수 그리스도의 이름으로 기도합니다. 아멘

불신자 가정 추모기도

처음과 나중이 되시는 하나님 아버지!

주님의 이름으로 모여 추모예배를 드립니다. 고인은 주님을 믿지 않고 세상을 떠났지만 이 가정이 주님을 영접하고 주님의 자녀가 되었습니다.

이제는 제사 드리는 전통에서 하나님 앞에 추모예배를 드리는 신앙의 결단을 했습니다. 이 가정의 결단력을 크게 칭찬하여 주시고 놀라운 복으로 채워주시옵소서.

"그가 나를 사랑한즉 내가 그를 건지리라 그가 내 이름을 안즉 내가 그를 높이리라 그가 내게 간구하리니 내가 그에게 응답하리라 그들이 환난 당할 때에 내가 그와 함께하여 그를 건지고 영화롭게 하리라"(시91:14,15)고 약속하셨으니 이 축복의 말씀이 이 가정 위에 충만히 임하게 하여 주옵소서.

주님!

여기에 모인 고인의 자손들과 성도들에게 영적인 귀가 열려서 항상 주님의 음성을 듣는 은혜가 있게 하옵소서. 그리하여 살아계신 하나님을 날마다 경험하는 축복의 삶이 되게 하옵소서. 또한 주변의 믿지 않는 사람들에게도 복음을 전하여 주님을 기쁘시게 하는 삶이 되게 하옵소서.

오늘 정성을 다하여 추모예배를 드리는 이 가정에 놀라운 사랑으로 함께하실 것을 믿으며 예수 그리스도의 이름으로 기도합니다. 아멘

성묘 추모기도 (첫 성묘)

사랑이 풍성하신 하나님 아버지!

사랑하는 ○○○님을 떠나보내고 슬픔과 허전함 가운데 있는 저희들을 만나 주시고 다시금 마음에 평안을 주시니 감사드립니다. 또한 고인의 장례식을 잘 마치고, 고인이 잠들어 계신 곳을 찾아 첫 추모예배를 드리게 하심을 감사드립니다.

큰 슬픔을 당했지만 그 속에서 하늘의 더 큰 소망을 주심과 하나님의 말씀으로 위로받게 하시니 모든 것이 주님의 사랑과 은혜임을 믿습니다. 이제부터 저희 자녀 모두는 하나님의 살아계심을 믿으며, 예수님이 우리의 구주가 되심을 믿고 하나님의 나라를 소유하며 살게 하옵소서.

아직도 저희의 마음에 슬픔과 허전함이 남아 있습니다. 속히 이 슬픔을 극복하고 이전보다 더 힘 있고 건강한 삶을 살게 하옵소서.

○○○님이 없는 빈자리를 하나님이 채워 주시고, 마음의 빈자리를 믿음의 열매로 가득하게 하옵소서. ○○○님이 세상에 계실 때보다 가족들과 저희 형제들이 더욱 화목하게 하시고, 각자의 일터와 사업장에도 복을 주셔서 물질로도 주님을 잘 섬기고 나누며 섬기는 삶을 살 수 있게 하옵소서. 또한 ○○○님이 남겨 놓으신 유업을 잘 이어받아 길이길이 가문을 빛낼 수 있는 후손들이 되게 하옵소서.

감사드리며 예수 그리스도의 이름으로 기도합니다. 아멘

성묘 추모기도 (일반)

사랑이 풍성하신 하나님 아버지!

부활의 소망이 되시고 영생의 기쁨과 소망을 주신 하나님께 감사드립니다. 오늘 귀한 은혜를 베푸셔서 조상을 성묘할 수 있도록 인도하심을 감사드립니다.

저희들이 세상에 사는 동안 천국의 소망을 주시고 하나님을 바라볼 수 있는 영안을 열어 주심을 감사드립니다. 사람은 누구를 막론하고 왔다 가는 것이 하나님의 섭리이므로 영원한 이별이 아니라 그리스도인에게는 다시 상봉하는 부활의 소망이 있는 것을 믿습니다.

오늘 성묘를 통해서 내세의 소망을 더욱 확고하게 세울 수 있게 하시고 참다운 인생관을 바로 알 수 있는 믿음을 가질 수 있게 하옵소서. 그리하여 험한 세상에서 신앙생활에 승리만 있게 하옵소서.

주님!

고인이 저희 가족들에게 남기신 믿음의 가업이 있습니다. 훗날 천국에서 고인을 다시 만날 때 부끄럽지 않도록 잘 받들어 계승할 수 있게 하옵소서. 또한 자자손손 믿음의 유산이 뿌리내려져서 길이길이 가문을 빛내는 후손들이 되게 하여 주옵소서.

저희의 생명을 주장하셔서 영원한 나라로 이끄시는 예수 그리스도의 이름으로 기도합니다. 아멘

새해, 설날 추모기도(1)

　전능하신 하나님!
　이 새날 아침에 모든 것을 새롭게 하시고 저희 가족을 지금까지 보호하여 주신 은혜를 감사합니다. 금년에도 저희 가족과 함께하여 주시옵소서.
　사랑의 주님!
　저희의 소망을 항상 예수 그리스도 안에 두게 하시며, 세상을 이기는 신앙을 주셔서, 더욱 튼튼한 생활의 터를 닦게 하옵소서.
　그리고 형제와 이웃을 사랑함으로써 항상 하나님을 기쁘게 할 수 있는 삶이 되게 하옵소서. 또한 저희 가족들은 피차에 겸손과 용서하는 마음으로 서로 존경하며 어려움을 함께 나눌 수 있게 하옵소서. 또한 저희 가정에 찬송과 기도와 성경 읽는 소리가 끊이지 않게 하시며, 신앙의 가정으로 이웃에 본이 되게 하옵소서.
　특별히 저희 가족에게 육신의 선조를 주심을 감사하오며, 저희 가문을 믿음으로 더욱 빛낼 수 있게 하옵소서.
　오늘의 모든 새로운 각오와 설계가 금년이 다 가기 전에 이루어지게 하여 주옵소서.
　저희를 축복해 주시고 함께하여 주심으로, 언제나 건강하고 항상 기쁘고 보람 있게 살 수 있도록 도와주시옵소서.
　저희에게 새 희망과 새 소망을 주신 예수 그리스도의 이름으로 기도합니다. 아멘

새해, 설날 추모기도(2)

역사의 주관자 되시며 저희에게 새 소망을 주시는 하나님 아버지!

다사다난했던 묵은해를 보내고 새로운 희망과 새 소망의 한 해를 주신 하나님께 감사를 드립니다. 이제 지난해를 돌이켜 볼 때, 잘못된 일과 부족했던 일들이 많이 있었사오나 저희들의 잘못을 용서하여 주시고 금년 새해에는 저희들에게 굳센 믿음을 주셔서 죄에 물들지 않고 바르게 살도록 인도하여 주옵소서.

새해에는 하나님께서 저희의 가정을 지켜 주셔서 온 가족에게 강건함을 주시고 생업도 축복해 주셔서 번성하는 역사가 있게 하시며 무엇인가 변화 있는 새 출발의 기점이 되게 하옵소서.

주님!

저희 가족이 선친의 유훈을 기릴 수 있게 하시며 부모님의 사랑을 감사하는 자녀가 되게 하옵소서. 또한 형제들과 우애하며, 서로 사랑하며, 화평이 넘치며, 소망하는 뜻이 아름답게 이루어지는 새해가 되게 하옵소서.

오늘 새해를 맞아 저희 모든 가족이 한자리에 모여 하나님께 감사의 예배를 드립니다. 하나님과 부모님 앞에 부끄럽지 않는 삶이 될 것을 다짐하는 시간이 되게 하옵소서.

저희 가족이 그리스도의 사랑 안에서 화평을 누리며 희망찬 새해가 되게 하실 것을 믿사옵고 예수 그리스도의 이름으로 기도합니다. 아멘

새해, 설날 추모기도(3)

　전능하신 하나님 아버지!
　저희 가족에게 새날을 주신 주님의 사랑과 은혜를 감사드립니다. 새 아침에 온 가족이 모여 하나님께 감사의 예배를 드립니다. 홀로 영광을 받으시옵소서.
　사랑의 주님!
　선조를 통하여 저희 가문에 믿음의 씨를 뿌려 주시고 저희 온 가족을 구원의 길로 인도해 주심을 감사드립니다. 핍박과 어려움 가운데서도 끝까지 신앙을 지키며 믿음으로 사셨던 선조의 신앙을 본받아 저희들도 어떤 어려움이 닥치더라도 꺾이지 않는 불굴의 신앙으로 살아갈 수 있게 하옵소서.
　주님!
　새해에는 주님의 말씀을 의지하여 저희의 소망을 예수 그리스도 안에 두게 하시며, 말씀을 생활 속에서 실천할 수 있도록 은혜를 베풀어 주옵소서. 지식으로 풍성하되 머리 신앙으로 그치지 말게 하시고, 뜨거운 가슴과 열정으로 행동하는 신앙, 열매 맺는 신앙이 되게 하옵소서.
　새해에도 저희 형제와 가족들이 항상 겸손과 사랑으로 서로 존경하며 살아갈 수 있게 하옵소서. 고통과 어려움도 함께 나눌 수 있게 하시며, 서로의 꿈과 소원을 위하여 기도로 후원하는 온 가족이 되게 하옵소서.
　저희 가족을 통하여 영광받기를 원하시는 예수 그리스도의 이름으로 기도합니다. 아멘

추석 추모기도(1)

사랑과 은혜가 풍성하신 하나님 아버지!

은혜를 감사합니다. 지금 이 시간까지 주님의 사랑 안에 저희들을 품어 주시고, 괴로운 일이 있을 때 주 안에서 이기게 하시며, 즐거운 일에는 주님이 함께 기뻐하여 주셨음을 감사합니다.

오늘은 저희 선조들이 예부터 지켜오는 추석 명절입니다. 온 가족들이 즐거움으로 만나게 하심을 감사하오며, 이 자리에 참석하지 못한 가족들에게도 주님의 은총이 함께 하시기를 기도합니다.

사랑의 하나님!

저희들은 이 절기를 맞이하여 생전에 부모님께 잘못한 것을 회개하며, 살아계신 부모님께 효성을 다하게 하옵소서. 우리들의 생활이 날마다 은혜롭게 하시며, 하나님의 뜻에 합당한 삶을 누리게 하옵소서. 또한 선조들이 물려준 아름다운 유훈과 업적과 얼을 계승하여 더욱 의미 있고 축복된 생을 이루게 하옵소서.

주님!

기도가 필요한 형제를 위하여 항상 기도할 수 있는 가족들이 되게 하시고, 열심을 다하는 형제를 위하여 항상 격려와 칭찬을 아끼지 않는 가족들이 되게 하여 주옵소서.

우리의 생명을 주관하시고 평강에 평강으로 인도하시는 예수 그리스도의 이름으로 기도합니다. 아멘

추석 추모기도(2)

만물을 창조하셔서 때를 따라 일용할 양식을 공급하시는 하나님, 감사드립니다.

우리나라에 고유한 추석 명절을 주셔서 온 가족, 친척이 한자리에 모여 조상의 은혜를 감사하며 추모하게 하심을 감사드립니다. 더욱 감사한 것은 우리에게 신앙의 조상을 주시고, 조상으로 하여금 신앙의 교훈을 받게 됨을 감사합니다.

많은 사람들은 명절을 맞이하여 우상을 숭배하며 사탄 마귀와 귀신들의 종노릇을 하고 있으나 우리 가족은 하나님께 예배드리게 하심을 진실로 감사드립니다.

우리 가족은 창조주 하나님을 잘 공경하여 뜻있는 명절이 되어 자손만대로 하나님의 축복을 받는 효도의 정신을 이어가는 가정이 되게 하옵소서.

사랑이 풍성하신 하나님!

이 좋은 명절에 슬픔과 아픔 가운데 있는 이웃도 있습니다. 사랑하는 가족과 함께하고 싶어도 가족을 만날 수 없는 이웃도 있습니다.

저희 가족들만 즐겁게 보내는 명절이 아니라 어려운 이웃을 돌아보며 그들과 작은 즐거움도 함께 나눌 수 있는 명절이 되게 하옵소서.

저희 모든 가족을 항상 지켜 주셔서 이 자리에 함께할 수 있게 하심을 다시금 감사드리오며 예수 그리스도의 이름으로 기도합니다. 아멘

추석 추모기도(3)

사랑과 은혜가 풍성하신 하나님 아버지!

한량없는 은혜를 감사드립니다. 오곡백과가 무르익은 결실의 계절에 주님의 사랑을 생각하며 감사와 찬송을 올려드립니다. 우리 민족 고유의 명절인 추석을 맞이하여 흩어져 있던 가족들이 한자리에 모여 주님을 예배합니다. 기쁘게 받으시옵소서.

올해도 기후 변화에 따른 병충해와 태풍의 피해 등으로 많은 시련이 있었지만, 노력과 인내로 황금물결이 일렁이는 가을 들녘을 보게 하시니 감사드립니다. 어려움 속에서도 땀의 결실을 바라보며 인내한 농부들의 수고에 하나님의 크신 위로가 넘치게 하여 주옵소서.

주님!

오늘 저희 가족이 한자리에 모여 하나님께 예배하면서 생전의 부모님의 사랑과 헌신을 다시금 추억해 봅니다. 오늘의 저희들이 있게 된 것은 전적으로 부모님의 은덕임을 깨닫습니다. 저희를 위하여 모든 것을 희생하신 부모님께 불효하지 않는 삶이 되기 위하여 항상 믿음으로 살아갈 수 있게 하시고, 믿음의 가업을 잘 이어받아 하나님을 기쁘시게 할 수 있게 하옵소서. 형제간에도 우애와 사랑으로 넘치게 하셔서 서로 화목한 가운데 주님의 의를 높이는 삶이 되게 하옵소서.

주님의 사랑과 은혜에 다시금 감사드리며 예수 그리스도의 이름으로 기도합니다. 아멘

추모예배와 기도에 참고할 성구 모음

• 시편 23편 4절
"내가 사망의 골짜기로 다닐지라도 해를 두려워하지 않을 것은 주께서 나와 함께 하심이라 주의 지팡이와 막대기가 나를 안위하시나이다"

• 시편 49편 15절
"그러나 하나님은 나를 영접하시리니 이러므로 내 영혼을 스올의 권세에서 건져내시리로다(셀라)"

• 시편 62편 2절
"오직 그만이 나의 반석이시요 나의 구원이시요 나의 요새이시니 내가 크게 흔들리지 아니하리로다"

• 잠언 14장 32절
"악인은 그의 환난에 엎드러져도 의인은 그의 죽음에도 소망이 있느니라"

• 이사야 12장 2절
"보라 하나님은 나의 구원이시라 내가 신뢰하고 두려움이 없으리니 주 여호와는 나의 힘이시며 나의 노래시며 나의 구원이심이라"

• 이사야 25장 8절
"사망을 영원히 멸하실 것이라 주 여호와께서 모든 얼굴에서 눈물을 씻기시며 자기 백성의 수치를 온 천하에 제하시리라 여호와께서 이같이 말씀하셨느니라"

• 호세아 13장 14절
"내가 그들을 스올의 권세에서 속량하며 사망에서 구속하리니 사망아 네 재앙이 어디 있느냐 스올아 네 멸망이 어디 있느냐 뉘 우침이 내 눈 앞에서 숨으리라"

• 요한복음 11장 24~26절
"예수께서 이르시되 나는 부활이요 생명이니 나를 믿는 자는 죽어도 살겠고 무릇 살아서 믿는 자는 영원히 죽지 아니하리니 이것을 네가 믿느냐"

• 요한복음 14장 1절
"너희는 마음에 근심하지 말라 하나님을 믿으니 또 나를 믿으라"

• 요한복음 14장 2~3절
"내 아버지 집에 거할 곳이 많도다 그렇지 않으면 너희에게 일렀으리라 내가 너희를 위하여 거처를 예비하러 가노니 가서 너희를 위하여 거처를 예비하면 내가 다시 와서 너희를 내게로 영접하여 나 있는 곳에 너희도 있게 하리라"

• 요한복음 14장 6절
"예수께서 이르시되 내가 곧 길이요 진리요 생명이니 나로 말미암지 않고는 아버지께로 올 자가 없느니라"

• 요한복음 16장 33절
"이것을 너희에게 이르는 것은 너희로 내 안에서 평안을 누리게 하려 함이라 세상에서는 너희가 환난을 당하나 담대하라 내가 세상을 이기었노라"

• 사도행전 2장 21절
"누구든지 주의 이름을 부르는 자는 구원을 받으리라"

• 사도행전 2장 24절
"하나님께서 그를 사망의 고통에서 풀어 살리셨으니 이는 그가 사망에 매어 있을 수 없었음이라"

- **로마서 10장 9절**

"네가 만일 네 입으로 예수를 주로 시인하며 또 네 하나님께서 그를 죽은 자 가운데서 살리신 것을 네 마음에 믿으면 구원을 받으리라"

- **로마서 8장 38~39절**

"내가 확신하노니 사망이나 생명이나 천사들이나 권세자들이나 현재 일이나 장래 일이나 능력이나 높음이나 깊음이나 다른 어떤 피조물이라도 우리를 우리 주 그리스도 예수 안에 있는 하나님의 사랑에서 끊을 수 없으리라"

- **로마서 8장 11절**

"예수를 죽은 자 가운데서 살리신 이의 영이 너희 안에 거하시면 그리스도 예수를 죽은 자 가운데서 살리신 이가 너희 안에 거하시는 그의 영으로 말미암아 너희 죽을 몸도 살리시리라"

- **고린도전서 15장 20~22절**

"그러나 이제 그리스도께서 죽은 자 가운데서 다시 살아나사 잠자는 자들의 첫 열매가 되셨도다 사망이 한 사람으로 말미암았으니 죽은 자의 부활도 한 사람으로 말미암는도다 아담 안에서 모든 사람이 죽은 것 같이 그리스도 안에서 모든 사람이 삶을 얻으리라"

- **고린도전서 15장 51~52절**

"보라 내가 너희에게 비밀을 말하노니 우리가 다 잠잘 것이 아니요 마지막 나팔에 순식간에 홀연히 다 변화되리니 나팔소리가 나매 죽은 자들이 썩지 아니할 것으로 다시 살아나고 우리도 변화되리라"

- **고린도전서 15장 53~54절**

"이 썩을 것이 반드시 썩지 아니할 것을 입겠고 이 죽을 것이 죽지 아니함을 입으리로다 이 썩을 것이 썩지 아니함을 입고 이 죽을 것이 죽지 아니함을 입을 때에는 사망을 삼키고 이기리라고 기록된 말씀이 이루어지리라"

• 고린도전서 15장 55~56절
"사망아 너의 승리가 어디 있느냐 사망아 네가 쏘는 것이 어디 있느냐 사망이 쏘는 것은 죄요 죄의 권능은 율법이라"

• 고린도전서 15장 57절
"우리 주 예수 그리스도로 말미암아 우리에게 승리를 주시는 하나님께 감사하노니"

• 고린도전서 15장 58절
"그러므로 내 사랑하는 형제들아 견실하며 흔들리지 말고 항상 주의 일에 더욱 힘쓰는 자들이 되라 이는 너희 수고가 주 안에서 헛되지 않은 줄 앎이라"

• 고린도후서 1장 3절
"찬송하리로다 그는 우리 주 예수 그리스도의 하나님이시요 자비의 아버지시요 모든 위로의 하나님이시며"

• 고린도후서 1장 4절
"우리의 모든 환난 중에서 우리를 위로하사 우리로 하여금 하나님께 받는 위로로써 모든 환난 중에 있는 자들을 능히 위로하게 하시는 이시로다"

• 고린도후서 1장 5절
"그리스도의 고난이 우리에게 넘친 것 같이 우리가 받는 위로도 그리스도로 말미암아 넘치는도다"

• 고린도후서 1장 6절
"우리가 환난을 당하는 것도 너희가 위로와 구원을 받게 하려는 것이요 우리가 위로를 받는 것도 너희가 위로를 받게 하려는 것이니 이 위로가 너희 속에 역사하여 우리가 받는 것 같은 고난을 너희도 견디게 하느니라"

• 고린도후서 1장 7절
"너희를 위한 우리의 소망이 견고함은 너희가 고난에 참여하는 자가 된 것 같이 위로에도 그러할 줄 앎이라"

• 고린도후서 5장 1절
"만일 땅에 있는 우리의 장막 집이 무너지면 하나님께서 지으신 집 곧 손으로 지은 것이 아니요 하늘에 있는 영원한 집이 우리에게 있는 줄 아느니라"

• 고린도후서 5장 2~3절
"참으로 우리가 여기 있어 탄식하며 하늘로부터 오는 우리 처소로 덧입기를 간절히 사모하노라 이렇게 입음은 우리가 벗은 자들로 발견되지 않으려 함이라"

• 고린도후서 5장 4~5절
"참으로 이 장막에 있는 우리가 짐진 것 같이 탄식하는 것은 벗고자 함이 아니요 오히려 덧입고자 함이니 죽을 것이 생명에 삼킨바 되게 하려 함이라 곧 이것을 우리에게 이루게 하시고 보증으로 성령을 우리에게 주신 이는 하나님이시니라"

• 고린도후서 5장 6~7절
"그러므로 우리가 항상 담대하여 몸으로 있을 때에는 주와 따로 있는 줄 아노니 이는 우리가 믿음으로 행하고 보는 것으로 행하지 아니함이로다"

• 고린도후서 5장 8절
"우리가 담대하여 원하는 바는 차라리 몸을 떠나 주와 함께 있는 그것이라"

• 고린도후서 5장 9절
"그런즉 우리는 몸으로 있든지 떠나든지 주를 기쁘시게 하는 자가 되기를 힘쓰노라"

• 빌립보서 3장 20절
"그러나 우리의 시민권은 하늘에 있는지라 거리로부터 구원하는 자 곧 주 예수 그리스도를 기다리노니"

• 디모데후서 1장 10절
"이제는 우리 구주 그리스도 예수의 나타나심으로 말미암아 나타났으니 그는 사망을 폐하시고 복음으로써 생명과 썩지 아니할 것을 드러내신지라"

• 야고보서 4장 9절
"슬퍼하며 애통하며 울지어다 너희 웃음을 애통으로, 너희 즐거움을 근심으로 바꿀지어다"

• 야고보서 4장 10절
"주 앞에서 낮추라 그리하면 주께서 너희를 높이시리라"

• 베드로전서 2장 11절
"사랑하는 자들아 거류민과 나그네 같은 너희를 권하노니 영혼을 거슬러 싸우는 육체의 정욕을 제어하라"

• 베드로전서 2장 12절
"너희가 이방인 중에서 행실을 선하게 가져 너희를 악행한다고 비방하는 자들로 하여금 너희 선한 일을 보고 오시는 날에 하나님께 영광을 돌리게 하려 함이라"

• 요한계시록 14장 13절
"또 내가 들으니 하늘에서 음성이 나서 이르되 기록하라 지금 이후로 주 안에서 죽은 자들은 복이 있도다 하시매 성령이 이르시되 그러하다 그들이 수고를 그치고 쉬리니 이는 그들의 행한 일이 따름이라 하시더라"